Dr. Oetker

Vegetarisch
rund um die Welt

Dr. Oetker

Vegetarisch
rund um die Welt

Dr. Oetker Verlag

Vorwort

Mit vegetarischen Köstlichkeiten kann man in der eigenen Küche gesund und spannend um die Welt reisen. Die fleischlose Ernährung ist dabei keine gastronomische Modeerscheinung der Gegenwart, sondern hat in allen Kulturen eine lange Tradition. Das hat ethische, religiöse, klimatische und ökonomische Gründe.

Die besondere Auswahl der Zutaten und die Zubereitungsweise sind dabei immer regional unterschiedlich. In Gegenden mit ausgeprägter Trockenzeit wie Nordindien oder Zentralafrika muss auf konservierte Lebensmittel zurückgegriffen werden. Tropische und subtropische Gegenden wie Südindien oder die Karibik würzen traditionell scharf. Und im Mittelmeerraum ist nicht nur das Lebensgefühl, sondern auch die Küche leicht. Als Beilagen prägen Kartoffeln, Nudeln, Reis, Hirse oder Mais den Charakter der Speisen.

Ob Ratatouille, Bratapfel, Falafel, Quesadilla, Gado Gado, Roti oder Chakalaka – es gibt rund um den Globus so viele überraschende Geschmackskombinationen und farbenfrohe Gerichte zu entdecken. Das Fest für die Sinne kann beginnen!

Inhalt

Nord- und Mitteleuropa
8 – 33

Amerika & Co.
76 – 93

Asien & Co.
94 – 147

Mittelmeerländer
34 – 49

Arabische Länder
50 – 75

Indien & Sri Lanka
148 – 167

Afrika & Co.
168 – 192

Nord- und *Mitteleuropa*

Früher waren Fleisch und Fisch eine besondere Mahlzeit, die nicht jeden Tag auf den Tisch kam. Der Alltag erforderte, oft auch aus finanziellen Gründen, einige „vegetarische Tage". Heute ernähren sich viele Menschen ganz bewusst gesund, fettarm und pflanzlich. Sie können dabei auf eine lange Tradition zurückgreifen.

Vor allem in den katholisch geprägten Regionen Nord- und Mitteleuropas haben fleischlose Gerichte durch die Ernährungsregeln der Fastenzeit tiefe kulturelle Wurzeln. Graupensuppe, Steckrübenschnitzel, Bratäpfel oder Feldsalat mit Käse sind keine Erfindungen des 21. Jahrhunderts, sondern wurden immer schon regelmäßig und gerne gegessen.

Wintersuppe
mit Graupen und weißen Bohnen

Zutaten:

- 250 g getrocknete, kleine, weiße Bohnen
- 150 g Perlgraupen
- Salz
- 1 Zwiebel
- 5 Stängel Liebstöckel
- 3 l Gemüsebrühe
- 1 Lorbeerblatt
- 50 g Staudensellerie
- 100 g Porree (Lauch)
- 250 g Möhren
- 200 g Wirsing
- 100 g Backobst
- gem., schwarzer Pfeffer
- 4 EL frisch geschabter Meerrettich

Zubereitungszeit:
45 Minuten, ohne Einweichzeit

Garzeit:
Suppe etwa 60 Minuten

4 Portionen
Pro Portion: E: 23 g, F: 3 g, Kh: 68 g, kJ: 1656, kcal: 392, BE: 5,5

1. Die Bohnen in einer Schüssel mit kaltem Wasser übergießen, sodass sie ganz bedeckt sind. Die Bohnen über Nacht einweichen.

2. Am nächsten Tag die Graupen in ein Sieb geben und so lange mit kaltem Wasser abspülen, bis das Wasser fast klar abläuft.

3. Wasser in einem Topf zum Kochen bringen, etwas Salz hinzugeben. Die Graupen darin etwa 40 Minuten kochen lassen. Anschließend in ein Sieb abgießen, mit kaltem Wasser abspülen und abtropfen lassen.

4. Die eingeweichten Bohnen in einem Sieb abtropfen lassen. Die Zwiebel abziehen. Liebstöckel abspülen und trocken tupfen. Gemüsebrühe mit den Bohnen, Lorbeerblatt, 2 Stängeln Liebstöckel und der ganzen Zwiebel in einem großen Topf zum Kochen bringen und ohne Deckel etwa 45 Minuten kochen lassen, bis die Bohnen weich sind. Dabei ab und zu den Schaum mit einem Schaumlöffel abschöpfen.

5. In der Zwischenzeit Staudensellerie putzen, abspülen, abtropfen lassen und in dünne Scheiben schneiden. Porree putzen, die Stange längs halbieren, gründlich waschen, abtropfen lassen und in dünne Scheiben schneiden. Die Möhren putzen, schälen, abspülen, abtropfen lassen und in etwa 1 ½ cm große Würfel schneiden.

6. Wirsing putzen, halbieren und den Strunk herausschneiden. Von den Wirsingblättern die dicken Blattrippen entfernen. Wirsingblätter abspülen, abtropfen lassen und in mundgerechte Stücke schneiden. Das Backobst fein würfeln.

7. Die Zwiebel, das Lorbeerblatt und den Liebstöckel mit dem Schaumlöffel aus der Brühe nehmen.

8. Sellerie-, Porreescheiben, Möhrenwürfel und Wirsing zur Brühe mit den Bohnen in den Topf geben, mit Salz und Pfeffer würzen. Die Suppe wieder zum Kochen bringen und weitere etwa 15 Minuten ohne Deckel kochen lassen.

9. Von den restlichen Liebstöckelstängeln die Blätter abzupfen. Blätter grob zerschneiden. Die Graupen in die Suppe geben und miterhitzen. Zuletzt Backobstwürfel unterheben.

10. Die Suppe in Tellern anrichten und mit frisch geschabtem Meerrettich bestreut servieren.

Meerrettichsuppe
mit Quitten und Ingwer-Sirup

Zutaten:

- 50 g frischer Ingwer
- 60 g Zucker
- 60 g Butter
- 300 ml Apfelsaft, naturtrüb
- 10 Wacholderbeeren
- 5 Pimentkörner
- 200 ml Weißwein
- 400 ml Gemüsefond
- 2 Quitten (je etwa 250 g)
- 125 g Schalotten
- 350 g Schlagsahne (mind. 30 % Fett)
- Salz
- gem. schwarzer Pfeffer
- 50 g frischer Meerrettich

Zubereitungszeit
50 Minuten

4 Portionen

Pro Portion: E: 4 g, F: 41 g, Kh: 40 g, kJ: 2455, kcal: 587, BE: 3,5

1. Den Ingwer schälen und sehr klein würfeln. Zucker in einem kleinen Topf bei mittlerer Hitze goldbraun schmelzen lassen. 20 g Butter hinzugeben und kurz aufschäumen lassen, die Ingwerwürfel unterrühren. 100 ml Apfelsaft hinzugießen, zum Kochen bringen und etwa 5 Minuten sirupartig einkochen lassen. Den Topf von der Kochstelle nehmen.

2. Die Wacholderbeeren und Pimentkörner im Mörser grob zerstoßen, mit Weißwein, restlichem Apfelsaft und Gemüsefond in einem Topf zum Kochen bringen. Die Quitten schälen, längs vierteln, entkernen und die Blütenansätze entfernen. Quitten in etwa 2 cm dicke Spalten schneiden, in den Fond geben und 3–4 Minuten bei schwacher Hitze weich kochen.

3. Quittenspalten mit einem Schaumlöffel aus dem Fond nehmen, mit 20 g der restlichen Butter und 3 Esslöffeln des Fonds in eine Pfanne geben, beiseitestellen.

4. Die Schalotten abziehen und fein würfeln. Restliche Butter in einem Topf zerlassen. Schalottenwürfel darin andünsten. Restlichen Quittenfond und 250 g Sahne hinzugießen. Mit Salz und etwas Pfeffer würzen. Die Zutaten zum Kochen bringen und etwa 10 Minuten kochen lassen.

5. In der Zwischenzeit Meerrettich schälen und fein reiben. Restliche Sahne halb steif schlagen und zugedeckt in den Kühlschrank stellen. Die Quittenspalten in der beiseitegestellten Pfanne bei schwacher bis mittlerer Hitze erhitzen.

6. Von dem geriebenen Meerrettich 2 Esslöffel abnehmen und beiseitestellen. Restlichen Meerrettich zu der Suppe in den Topf geben und ganz kurz mit aufkochen lassen. Die geschlagene Sahne hinzugeben. Die Suppe mit einem Pürierstab schaumig mixen. Den Topf von der Kochstelle nehmen.

7. Die Quittenspalten aus der Pfanne nehmen, in vorgewärmten Tellern verteilen und mit der Suppe auffüllen. Mit dem Ingwer-Sirup beträufeln und dem beiseitegestellten Meerrettich bestreuen.

Warmer Kürbissalat
mit Bergkäse

Zutaten:

40 g	Kürbiskerne
600 g	Hokkaido-Kürbis
2 EL	Sonnenblumenöl
150 ml	Gemüsebrühe
40 g	getrocknete Aprikosen
4 EL	Obstessig
2 EL	Walnussöl
3 EL	Sonnenblumenöl
1 EL	Paprikapulver edelsüß
½ TL	Chiliflocken
	Salz
125 g	Feldsalat
70 g	Bergkäse

Zubereitungszeit:
30 Minuten

4 Portionen
Pro Portion: E: 10 g, F: 30 g,
Kh: 12 g, kJ: 1497, kcal: 358,
BE: 1,0

1. Kürbiskerne in einer Pfanne ohne Fett unter Rühren rösten, dann zum Abkühlen auf einen Teller geben.

2. Kürbis abspülen, abtropfen lassen, halbieren, die Kerne mit einem Löffel herausschaben. Kürbis in etwa 2 cm breite Streifen schneiden, nach Belieben schälen und in Würfel schneiden.

3. Sonnenblumenöl in einer Pfanne erhitzen. Die Kürbiswürfel darin bei starker Hitze von allen Seiten etwa 4 Minuten anbraten. Gemüsebrühe hinzugießen und zum Kochen bringen. Die Kürbiswürfel einige Minuten garen, bis die Gemüsebrühe verdampft und die Kürbiswürfel noch bissfest sind.

4. In der Zwischenzeit Aprikosen in sehr kleine Stücke schneiden. Essig mit Walnuss- und Sonnenblumenöl verschlagen. Aprikosenstücke unterrühren, mit Paprika, Chiliflocken und Salz würzen.

5. Die Pfanne von der Kochstelle nehmen. Die Vinaigrette zu den Kürbiswürfeln in die Pfanne geben und untermischen.

6. Feldsalat verlesen und die Wurzelansätze abschneiden. Feldsalat gründlich waschen und in einem Sieb gut abtropfen lassen oder trocken schleudern.

7. Bergkäse entrinden und mit einem Sparschäler in dünne Blättchen hobeln. Feldsalat auf einer großen Platte oder portionsweise auf Tellern anrichten. Den warmen Kürbissalat daraufgeben, mit Kürbiskernen und Bergkäse bestreuen, sofort servieren.

Rösti
mit Pfefferbirne, Blauschimmel-Käse und Feldsalat

Zutaten:

- 40 g Walnusskerne
- 160 g Feldsalat
- 4 EL Rotweinessig
- 2 EL Walnussöl
- 140 ml Sonnenblumenöl
- 8 EL Gemüsebrühe
- Salz
- gem. schwarzer Pfeffer
- 1 TL Zucker
- 600 g festkochende Kartoffeln
- ger. Muskatnuss
- 2 reife Williams-Christ-Birnen (je etwa 250 g)
- 20 g Butter
- 2 EL flüssiger Honig
- 200 g Blauschimmel-Käse

Zubereitungszeit:
50 Minuten

4 Portionen

Pro Portion: E: 16 g, F: 66 g,
Kh: 41 g, kJ: 3422, kcal: 818,
BE: 3,5

1. Die Walnusskerne grob hacken und in einer Pfanne ohne Fett unter Wenden goldbraun rösten.

2. Feldsalat verlesen und die Wurzelansätze abschneiden. Feldsalat gründlich waschen, trocken tupfen oder trocken schleudern. Essig mit Walnussöl, 2 Esslöffeln Sonnenblumenöl, Gemüsebrühe, Salz, Pfeffer und Zucker verrühren.

3. Den Backofen vorheizen.

Ober-/Unterhitze: etwa 80 °C

4. Kartoffeln schälen, abspülen, abtropfen lassen und in feine Streifen schneiden oder hobeln. Die Kartoffeln mit Salz und Muskat würzen.

5. Aus der Kartoffelmasse 4 Rösti backen. Für jede Rösti 2 Esslöffel Sonnenblumenöl in einer Pfanne (Ø 20 cm) erhitzen. Ein Viertel der Kartoffelmasse in der Pfanne verteilen. Den Rand mit einem Esslöffel nachformen.

6. Die Rösti von jeder Seite bei mittlerer Hitze goldbraun und knusprig braten. Dabei nach dem Wenden nochmals 1 Esslöffel Sonnenblumenöl hinzugeben.

7. Die fertigen Rösti auf ein Backblech (mit Backpapier gelegt) legen. Das Backblech in den vorgeheizten Backofen schieben, die Rösti warm halten.

8. Die Birnen schälen, längs halbieren, entkernen und die Stängelansätze entfernen. Die Birnenhälften in je 3 Spalten schneiden.

9. Butter in einer Pfanne zerlassen. Die Birnenspalten darin bei starker Hitze von allen Seiten leicht braun anbraten und mit reichlich grob gemahlenem Pfeffer würzen. Den Honig hinzugeben, Birnenspalten kurz glasieren.

10. In der Zwischenzeit den Feldsalat mit der Vinaigrette vermischen.

11. Die Rösti auf vorgewärmten Tellern anrichten. Den Käse in 8 dünne Scheiben schneiden und mit den warmen Birnenspalten darauf verteilen.

12. Den Feldsalat mit Walnusskernen bestreuen und dazu servieren.

Steckrübenschnitzel
mit Feldsalat-Kartoffelpüree

Zutaten:

800 g	Steckrüben
	Salzwasser
1,6 kg	festkochende Kartoffeln
300 g	Zwiebeln
40 g	Butter
125 g	Feldsalat
½ Bund	Schnittlauch
300 g	Crème fraîche
	Salz
4 EL	Sahnemeerrettich
100 g	Weizenmehl
300 g	Semmelbrösel
2 EL	gem. Koriander
2	Eier (Größe M)
150 ml	Speiseöl zum Braten, z. B. Maiskeimöl
	gem. Pfeffer

Zubereitungszeit:
60 Minuten

4 Portionen
Pro Portion: E: 23 g, F: 52 g, Kh: 124 g, kJ: 4441, kcal: 1063, BE: 10,0

1. Steckrüben putzen, schälen, abspülen, abtropfen lassen, in 1 cm dicke Scheiben schneiden. Steckrüben in kochendem Salzwasser in 13 Minuten weich kochen. Steckrüben mit einer Schaumkelle herausnehmen, in einem Sieb gut abtropfen und erkalten lassen.

2. Kartoffeln schälen, abspülen, abtropfen lassen, grob würfeln. Kartoffelstücke in einem Topf mit etwas Salzwasser zugedeckt in 15–20 Minuten weich kochen. In der Zwischenzeit Zwiebeln abziehen, klein würfeln. Butter in einer Pfanne zerlassen. Die Zwiebelwürfel darin unter Wenden goldbraun braten. Pfanne von der Kochstelle nehmen.

3. Den Backofen vorheizen.

Ober-/Unterhitze: etwa 80 °C

4. Feldsalat verlesen, Wurzelansätze abschneiden. Feldsalat gründlich waschen, gut abtropfen lassen, in einzelne Blätter teilen. Schnittlauch abspülen, trocken tupfen und in feine Röllchen schneiden. Zwei Drittel der Schnittlauchröllchen mit Crème fraîche, Salz und Meerrettich verrühren, in ein Schälchen geben und beiseitestellen.

5. Mehl in einen Teller geben. Semmelbrösel mit Koriander in einem tiefen Teller vermischen. Eier in einem tiefen Teller verschlagen. Die Steckrübenscheiben zuerst in Mehl wenden, dann durch die verschlagenen Eier ziehen, am Tellerrand abstreifen und zuletzt in Semmelbröseln wenden, Panade leicht andrücken.

6. Jeweils die Hälfte des Speiseöls in zwei großen Pfannen erhitzen. Die Schnitzel darin von jeder Seite bei mittlerer bis starker Hitze goldbraun und knusprig braten. Schnitzel herausnehmen, auf Küchenpapier abtropfen lassen, auf einem Backblech (mit Backpapier belegt) verteilen. Das Backblech in den vorgeheizten Backofen schieben, die Schnitzel warm halten.

7. Die angebratenen Zwiebeln wieder in der Pfanne erhitzen. Feldsalat hinzugeben, kurz zusammenfallen lassen.

8. Die gegarten Kartoffeln abgießen und zurück in den Topf geben. Zwiebel-Feldsalat-Mischung hinzugeben, mit einem Kartoffelstampfer grob zerstampfen. Mit Salz und Pfeffer würzen.

9. Das Feldsalat-Kartoffelpüree auf vorgewärmten Tellern anrichten. Die Schnitzel gestapelt darauflegen. Beiseitegestellte Meerrettich-Crème-fraîche mit den restlichen Schnittlauchröllchen bestreuen und dazu servieren.

Kartoffel-Grünkohl-Durcheinander
(Bubble and Squeak)

Zutaten:

800 g	festkochende Kartoffeln
	Salz
450 g	Grünkohlblätter
	Salzwasser
75 g	Zwiebeln
30 g	Butter
75 g	Cheddar-Käse, im Stück
5	sehr frische Eier (Größe M)
2 EL	Speisestärke
	gem. Pfeffer
1 l	Wasser
100 ml	Weißweinessig
6 EL	Speiseöl zum Braten
½	Bund Schnittlauch
etwa ½ TL	Chiliflocken

Zubereitungszeit:
60 Minuten

4 Portionen
Pro Portion: E: 19 g, F: 28 g,
Kh: 33 g, kJ: 1936, kcal: 462,
BE: 2,5

1. Kartoffeln schälen, abspülen, abtropfen lassen, in einem Topf knapp mit Wasser bedeckt zugedeckt zum Kochen bringen, Salz hinzufügen. Die Kartoffeln in etwa 25 Minuten gar kochen.

2. In der Zwischenzeit von den Grünkohlblättern die dicken Blattrippen entfernen. Grünkohlblätter gründlich waschen, abtropfen lassen und in kochendem Salzwasser etwa 4 Minuten kochen lassen. Grünkohl mit kalten Wasser abschrecken, in einem Sieb abtropfen lassen und anschließend mit den Händen gut ausdrücken und grob zerkleinern.

3. Die Zwiebeln abziehen und in kleine Würfel schneiden. Butter in einer Pfanne zerlassen. Zwiebelwürfel darin glasig dünsten. Cheddar grob reiben.

4. Die gegarten Kartoffeln abgießen, abdämpfen und sofort durch eine Kartoffelpresse in eine Rührschüssel drücken. Grünkohl, Zwiebelwürfel, geriebenen Käse, 1 Ei, Speisestärke, Salz und Pfeffer hinzufügen. Die Zutaten zu einem Teig verkneten und 8 Frikadellen daraus formen.

5. Wasser mit Essig in einem Topf zum Kochen bringen. Die restlichen Eier einzeln in einer Kelle aufschlagen und vorsichtig in das siedende (nicht sprudelnd kochende) Wasser gleiten lassen. Eiweiß sofort mit 2 Esslöffeln an das Eigelb schieben.

6. Essigwasser mit den Eiern ganz kurz aufkochen lassen. Topf von der Kochstelle nehmen. Eier in 3–5 Minuten gar ziehen lassen.

7. In der Zwischenzeit das Speiseöl in einer großen Pfanne erhitzen. Die Frikadellen darin von jeder Seite 3–4 Minuten goldbraun braten.

8. Schnittlauch abspülen, trocken tupfen und in Röllchen schneiden.

9. Bubble and Squeak (Frikadellen) mit den Eiern auf Tellern anrichten, mit Schnittlauchröllchen und Chiliflocken bestreut servieren.

Hinweis: Nur ganz frische Eier verwenden (Legedatum beachten, mind. 23 Tage Resthaltbarkeit).

Weizenrisotto
mit Pastinaken und glasierten Zwiebeln

Zutaten:

150 g	ganze Weizenkörner
300 g	Zwiebeln
1	Knoblauchzehe
125 g	Bergkäse, im Stück
1 Bund	Petersilie
500 g	Pastinaken
2–2,2 l	Gemüsebrühe
100 g	Butter
300 g	Risotto-Reis
200 ml	trockener Weißwein
	Salz
	gem. schwarzer Pfeffer
2 geh. EL	Zucker
200 ml	Birnensaft
2 EL	Balsamico-Essig
4 EL	Walnussöl

Zubereitungszeit:
50 Minuten, ohne Einweichzeit

4 Portionen

Pro Portion: E: 22 g, F: 43 g,
Kh: 112 g, kJ: 4057, kcal: 968,
BE: 9,0

1. Am Vortag die Weizenkörner in eine Schüssel geben, mit kaltem Wasser übergießen, sodass sie ganz bedeckt sind. Weizenkörner über Nacht einweichen.

2. Am nächsten Tag die Weizenkörner abgießen, in einen Topf geben, so viel Wasser hinzugießen, dass sie ganz bedeckt sind, zum Kochen bringen. Weizenkörner zugedeckt 40–45 Minuten bei schwacher Hitze kochen lassen. Den Topf von der Kochstelle nehmen.

3. In der Zwischenzeit Zwiebeln und Knoblauch abziehen. 100 g der Zwiebeln in kleine Würfel schneiden. Knoblauch in dünne Scheiben schneiden. Restliche Zwiebeln zuerst in dünne Scheiben schneiden, dann in Ringe teilen. Bergkäse entrinden und fein reiben.

4. Petersilie abspülen, trocken tupfen und die Blättchen von den Stängeln zupfen. Blättchen klein schneiden. Pastinaken schälen, abspülen, abtropfen lassen und in dünne Scheiben schneiden, große Pastinaken evtl. zuvor durchschneiden.

5. Die Brühe aufkochen lassen. Die Hälfte der Butter in einem Topf zerlassen. Zwiebelwürfel und Knoblauchscheiben darin bei mittlerer Hitze andünsten. Den Reis hinzugeben, kurz glasig andünsten. Mit Wein ablöschen und fast vollständig einkochen lassen.

6. Weizenkörner hinzugeben, ein Achtel der heißen Brühe hinzugießen und bei mittlerer Hitze kochen lassen. Mit Salz und Pfeffer würzen.

7. Den Risotto etwa 20 Minuten unter häufigem Rühren al dente garen. Dabei nach und nach die restliche, heiße Brühe (sobald die Brühe vom Reis aufgenommen wurde) hinzugießen.

8. Die Pastinakenscheiben nach etwa 10 Minuten Garzeit unter den Reis rühren und mitgaren lassen.

9. In der Zwischenzeit restliche Butter in einer Pfanne zerlassen. Zwiebelringe mit Zucker, etwas Salz und Pfeffer kräftig andünsten.

10. Nach und nach den Birnensaft mit Balsamico hinzugeben und immer wieder ganz einkochen lassen, bis die Zwiebelringe weich sind.

11. Den geriebenen Bergkäse und die Petersilie unter den Risotto rühren, evtl. nachwürzen. Weizenrisotto anrichten. Glasierte Zwiebelringe darauf verteilen und mit Walnussöl beträufeln.

Bratapfel
mit Vanillesauce

Zutaten:

1 EL	Rosinen
etwa 100 ml	Rum
8	Äpfel, z. B. Holsteiner Cox oder Boskop
20 g	Butter (zimmerwarm)
20 g	Zucker
1 Pck.	Dr. Oetker Vanillin-Zucker
2 EL	abgezogene, gemahlene Mandeln
2 EL	gehobelte Mandeln

Für die Form:

etwas Fett

Zubereitungszeit:

etwa 20 Minuten, ohne Einweichzeit

Garzeit:

etwa 40 Minuten

8 Portionen

Pro Portion: E: 2 g, F: 7 g, Kh: 23 g, kJ: 814, kcal: 194, BE: 2,0

1. Rosinen in 2 Esslöffeln Rum über Nacht einweichen.
2. Den Backofen vorheizen.

Ober-/Unterhitze: etwa 200 °C
Heißluft: etwa 180 °C

3. Äpfel entstielen, abspülen und abtrocknen. Von der Blütenseite her mit einem Apfelausstecher das Kerngehäuse ausstechen, aber nicht ganz durchstechen. Die Äpfel in eine Auflaufform (gefettet) setzen.

4. Butter mit Zucker, Vanillin-Zucker, Mandeln und eingeweichten Rosinen mit einem Löffel verrühren und mit einem Teelöffel in die Äpfel füllen. Gehobelte Mandeln darauf verteilen und leicht andrücken. Restlichen Rum zu den Äpfeln in die Form gießen.

5. Die Form auf dem Rost im unteren Drittel in den Backofen schieben.

Backzeit: etwa 40 Minuten

6. Die Form aus dem Backofen nehmen. Die Äpfel in der Form heiß servieren.

Tipp: Bratäpfel mit Vanillesauce und Preiselbeerkompott servieren.

Rezeptvariante: Bratäpfel ohne Alkohol
Die Rosinen in 2 Esslöffeln Orangen- oder Apfelsaft einweichen, abtropfen lassen und wie im Rezept beschrieben verwenden. Anstelle des Rums Orangen- oder Apfelsaft in die Auflaufform gießen.

Handfest und gesund

Kartoffeln – Unverzichtbare Knolle

Auch wenn Nudelaufläufe, Käsespätzle und Gemüsequiches beliebte vegetarische Gerichte sind, ist die Küche Nord- und Mitteleuropas seit Jahrhunderten von der Kartoffel als wichtigstem Grundnahrungsmittel geprägt. Die spanischen Eroberer entdeckten das Nachtschattengewächs im 16. Jahrhundert im Reich der Inka und brachten es von Südamerika nach Spanien.

Unabhängig davon gelangte die Pflanze auch nach England und Irland, später wurde sie auf dem Kontinent in Deutschland und Frankreich angebaut. Die Bezeichnungen haben sich ganz unterschiedlich entwickelt – analog zum französischen „pommes de terre" sagt man in einigen Gegenden Erdäpfel, manchmal „Grundbirnen" (Grumbeere). Der Name „Kartoffel" leitet sich aus „Tartuffeln" ab, die sich auf die Ähnlichkeit der Pflanze mit Trüffeln bezieht.

Wie sie auch immer genannt wird und welche der weit über 100 deutschen Sorten man wählt – die Knolle bietet viele Zubereitungsmöglichkeiten. Folienkartoffeln mit Quark, Kartoffelaufläufe, Bratkartoffeln, Reibekuchen oder Püree sind feste Bestandteile fleischloser Ernährung. In Kombination mit heimischem Gemüse, frischen Gartenkräutern oder Früchten lässt sich so eine abwechslungsreiche, preiswerte und gesunde Ernährung realisieren.

Senf – Kräftige Körner

Senfkörner wurden schon in der Bibel erwähnt und gelangten von den Arabern über Spanien nach ganz Europa. Das französische Dijon ist bis heute ein Zentrum der weltweiten Produktion. Ob ganz oder gemahlen – Senf ist unverzichtbar in der Küche zum Verfeinern von Saucen und Gerichten. Englischer Senf wird aus gelben Körnern hergestellt, mit Kurkuma vermischt und hat eine kräftige Farbe, deutscher Senf besteht aus schwarzen Senfkörnern und ist deshalb dunkler, französischer Senf ist oft körniger. Es gibt Varianten mit Kräutern, Honig, Trauben oder Wein. Andere wichtige Kräuter und Gewürze der nord- und mitteleuropäischen Küche sind Dill, Bärlauch, Meerrettich, Brunnenkresse, Wacholderbeeren, Kümmel, Nelken, Zimt oder Lorbeer.

Basisvorrat

Kartoffeln, Graupen, Fenchel, Chicorée, Spinat, Kohl, Wurzelgemüse, Zwiebeln, Pastinaken, Feldsalat, Endivien, Äpfel, Sauerrahm, Dill, Muskat, Wacholder, Pfeffer, Senf, Schnittlauch, Honig, Brot.

„Essen und Trinken hält Leib und Seele zusammen."

Dieses deutsche Sprichwort taucht 1690 in dem Singspiel „Der irrende Ritter Don Quixotte De la Mancia" des Komponisten Johann Philipp Förtsch auf. In dem Libretto schrieb Hinrich Hinsch die Zeilen „Weil Speis und Trank in dieser Welt doch Leib und Seel' zusammenhält." Diese Erkenntnis hat bis heute nichts von ihrer Wahrheit verloren.

Bier – Wasser, Hopfen plus Malz

Als Nahrungs- und Genussmittel gehört Bier traditionell zur Kultur der nord- und mitteleuropäischen Länder. Aus Flaschen, Dosen oder frisch vom Fass gibt es sehr viele regionale Spezialitäten. Je nach Hefezusatz ist es obergärig (Ale, Altbier, Kölsch, Weizenbier) oder untergärig (Export, Lager, Pils, Schwarzbier). Abhängig vom Stammwürzegehalt sind Biere vom einfachen Bier bis zum Doppelbock unterschiedlich stark. Auch beim Kochen verleiht der Gerstensaft vielen Gerichten einen charakteristischen Geschmack – bei der Biersuppe genauso wie bei in Bier mariniertem Gemüse.

5.000

Weltweit gibt es etwa 5000 Kartoffelsorten. In Deutschland sind es etwa 130 unterschiedliche – von Frühkartoffeln im Mai bis zu Spätkartoffeln im Oktober, von festkochenden für Bratkartoffeln bis zu mehlig kochenden für Klöße oder Püree. Rund zwei Drittel der Kartoffeln begegnen uns als Pommes frites, Chips und Püreeflocken oder werden zu Viehfutter.

Mittelmeer-
länder

Ob Rigatoni, Ratatouille oder rote Zwiebel-Pizza – die mediterrane Küche hat bei allen regionalen Unterschieden doch einige Gemeinsamkeiten. Der regelmäßige Gebrauch von Olivenöl, frischen Kräutern und Gewürzen sowie Knoblauch gilt als besonders gesund und leicht verträglich.

Ob Buchweizenpfannkuchen, das Pastasotto genannte Risotto aus kleinen Nudeln oder Gnocchi – frische Zutaten ermöglichen abwechslungsreiche vegetarische Mahlzeiten. Oft sind es auch die kleinen Häppchen, die den besonderen landestypischen Reiz ausmachen. Die Bandbreite reicht von türkischen Meze im Osten bis zu den spanischen Tapas im Westen.

Pikanter Ricotta
mit Pimientos de Padrón

Zutaten:

- 50 g Pistazienkerne, geröstet und gesalzen
- 75 g Parmesan, im Stück
- 15 Basilikumblättchen
- 1 TL fein abger. Schale von 1 Bio-Orange (unbehandelt, ungewachst)
- 300 g Ricotta (ital. Frischkäse)
- Salz
- gem. schwarzer Pfeffer
- 300 g Pimientos de Padrón (Bratpeperoni)
- 3 EL Olivenöl
- 8 Salbeiblättchen
- grobes Meersalz
- evtl. etwas Olivenöl

Zubereitungszeit:
25 Minuten

Garzeit:
etwa 10 Minuten

4 Portionen
Pro Portion: E: 15 g, F: 30 g, Kh: 7 g, kJ: 1494, kcal: 357, BE: 0,5

1. Pistazienkerne grob hacken. Parmesan fein reiben. Basilikumblättchen abspülen, trocken tupfen und nicht zu fein schneiden. Pistazienkerne, Parmesan, Orangenschale und Basilikum zusammen mit Ricotta glatt rühren. Mit Salz und grob gemahlenem Pfeffer würzen.

2. Die Pimientos abspülen und gut abtropfen lassen. Olivenöl in einer großen Pfanne erhitzen. Die Pimientos darin etwa 10 Minuten bei mittlerer Hitze von allen Seiten braten, bis sie zusammengefallen und leicht olivfarben geworden sind. Die Salbeiblättchen abspülen, trocken tupfen und etwa 3 Minuten vor Garzeitende hinzugeben. Pimientos mit grobem Meersalz würzen.

3. Ricotta mit den Pimientos anrichten und nach Belieben mit gutem Olivenöl beträufeln.

Beilage: Dazu passt geröstetes Ciabatta.

Buchweizen-Pfannkuchen
mit Pilzen und Misch-Salat

Zutaten

Für den Pfannkuchenteig:

- 75 g Buchweizenmehl
- Salz
- 100 ml Milch (3,5 % Fett)
- 1 Ei (Größe M)
- 125 ml eiskaltes Wasser
- 25 g zerlassene, abgekühlte Butter

- 300 g Champignons
- 450 g Kräutersaitlinge
- 75 g Schalotten
- 50 g Greyerzer-Käse

- 75 g Friséesalat
- 75 g Endiviensalat
- 50 g Rucola (Rauke)
- 4 EL Rotweinessig
- 125 ml Cidre (Apfelwein)
- gem. Pfeffer
- 1 EL Zucker
- 2 EL Walnussöl
- 4 EL Sonnenblumenöl

- 40 g Butter
- 125 g Schlagsahne
- 2 EL grobkörniger Senf
- 2 Stängel Estragon

- 40 g Butter zum Backen

Zubereitungszeit:
60 Minuten, ohne Quellzeit

4 Portionen

Pro Portion: E: 16 g, F: 54 g, Kh: 24 g, kJ: 2716, kcal: 649, BE: 2,0

1. Für den Teig Buchweizenmehl, Salz, Milch und Ei in einer Rührschüssel glatt rühren. Eiskaltes Wasser und zerlassene Butter unterrühren. Den Teig etwa 60 Minuten quellen lassen.

2. In der Zwischenzeit Champignons und Saitlinge putzen, evtl. kurz abspülen, trocken tupfen und in Scheiben schneiden. Schalotten abziehen und klein würfeln. Käse entrinden.

3. Frisée-, Endiviensalat und Rucola putzen, abspülen und trocken tupfen. Von dem Rucola die groben Stiele abschneiden. Die Salate in sehr kleine Stücke zupfen.

4. Essig mit 3 Esslöffeln Cidre, Salz, Pfeffer und Zucker verrühren. Nussöl und Sonnenblumenöl unterschlagen.

5. Butter in einem Topf zerlassen. Schalottenwürfel darin andünsten. Pilze hinzugeben, mitdünsten lassen. Mit restlichem Cidre und Sahne ablöschen. Senf und etwas Salz unterrühren. Das Ragout unter gelegentlichem Rühren cremig einkochen lassen. Estragon abspülen, trocken tupfen, Blättchen von den Stängeln zupfen. Blättchen klein schneiden und unter das Ragout rühren.

6. Den Backofen vorheizen.

Ober-/Unterhitze: etwa 60 °C

7. Etwas Butter in einer beschichteten Pfanne (Ø 20–22 cm) zerlassen. Aus dem Teig nacheinander 8 dünne Pfannkuchen backen. Dafür den Pfannkuchenteig gut durchrühren. Jeweils eine dünne Teiglage mit einer drehenden Bewegung gleichmäßig auf dem Boden der Pfanne verteilen. Den Pfannkuchen von beiden Seiten goldbraun backen. Bevor der Pfannkuchen gewendet wird, wieder etwas Butter in die Pfanne geben. Die gebackenen Pfannkuchen im vorgeheizten Backofen warm halten.

8. Den vorbereiteten Salat mit der Vinaigrette vermischen.

9. Jeweils etwas Pilzragout in die Mitte eines Pfannkuchens geben. Die Seiten der Pfannkuchen je zur Mitte falten.

10. Pfannkuchen mit dem Salat auf Tellern anrichten. Den Käse dünn darüberhobeln.

Kürbis-Gnocchi
mit Pfifferlingen und Salbeibutter

Zutaten:

400 g	Pfifferlinge
300 g	mehligkochende Kartoffeln
	Salz
700 g	Hokkaido-Kürbis
125 ml	Wasser
1	Ei (Größe L)
175 g	Weizenmehl für die Gnocchi
50 g	Weichweizengrieß
	ger. Muskatnuss
3 EL	Olivenöl
75 g	Butter
	gem., schwarzer Pfeffer
16	schöne Salbeiblättchen
1 EL	Paprikapulver edelsüß

Zusätzlich:
etwas Weizenmehl

Zubereitungszeit:
50 Minuten

4 Portionen
Pro Portion: E: 13 g, F: 26 g, Kh: 61 g, kJ: 2227, kcal: 532, BE: 5,0

1. Die Pfifferlinge putzen, evtl. kurz abspülen, gut abtropfen lassen und auf einem Geschirrtuch trocknen lassen. Größere Pfifferlinge halbieren oder vierteln. Kartoffeln gründlich waschen, in einem Topf knapp mit Wasser bedeckt zugedeckt zum Kochen bringen, Salz hinzugeben. Die Kartoffeln etwa 25 Minuten garen.

2. Den Backofen vorheizen.
Ober-/Unterhitze: etwa 200 °C
Heißluft: etwa 180 °C

3. Den Kürbis abspülen, abtropfen lassen, halbieren, Kerne herausschaben. Die Kürbishälften mit der Schale in etwa 4 cm große Würfel schneiden und mit Salz würzen. Die Kürbiswürfel auf einem Backblech (mit Backpapier belegt) verteilen. Wasser hinzugießen. Das Backblech in den vorgeheizten Backofen schieben. Die Kürbiswürfel **etwa 25 Minuten garen**, dabei die Kürbiswürfel einmal umdrehen.

4. Die gegarten Kartoffeln abgießen, abdämpfen, warm pellen. Kartoffeln mit den Kürbiswürfeln durch eine Kartoffelpresse in eine Rührschüssel drücken. Ei, Mehl und Grieß hinzugeben, noch warm unterkneten. Die Masse mit Salz und Muskat würzen. Den Kartoffel-Kürbis-Teig auf einer leicht bemehlten Arbeitsfläche zu 3 etwa 50 cm langen Rollen formen. Rollen in 2 ½–3 cm breite Stücke schneiden und die Gnocchi auf der leicht bemehlten Arbeitsfläche liegen lassen.

5. Olivenöl in einer sehr großen Pfanne erhitzen. Die Pfifferlinge darin 2–3 Minuten kräftig anbraten, dabei wenig rühren. Mit Salz leicht würzen. Die Butter in einem kleinen Topf goldbraun rösten, mit Salz und Pfeffer würzen.

6. Gleichzeitig Wasser in einem Topf zum Kochen bringen. Etwas Salz hinzugeben. Die Gnocchi in das kochende Salzwasser geben und bei schwacher Hitze in 4–5 Minuten gar ziehen lassen (das Wasser darf sich nur leicht bewegen). Gnocchi mit einer Schaumkelle herausnehmen und gut abtropfen lassen. In der Zwischenzeit die geröstete Butter nochmals erhitzen. Abgespülte und trocken getupfte Salbeiblättchen darin leicht rösten.

7. Kürbis-Gnocchi auf vorgewärmten Tellern anrichten, die Pfifferlinge darauf verteilen und mit der Salbeibutter beträufeln. Mit Paprika bestreuen und sofort servieren.

Socca-Wrap
mit Ziegenkäsecreme und Avocado

Zutaten:

175 g	Kichererbsenmehl
1 EL	frische Rosmarinnadeln
375 ml	kaltes Wasser
	Salz
9 EL	Olivenöl
75 g	Babyleaf-Salate
250 g	Ziegenfrischkäse
250 g	Crème fraîche
1 EL	fein abger. Schale von 1 Bio-Zitrone (unbehandelt, ungewachst)
	gem. schwarzer Pfeffer
2	Eiweiß (Größe S)
750 g	reife Avocado (etwa 3 Stück)
125 g	abgetropfte, getrocknete Cocktailtomaten in Öl

Zubereitungszeit:
50 Minuten, ohne Quellzeit

4 Portionen

Pro Portion: E: 23 g, F: 81 g, Kh: 34 g, kJ: 4111, kcal: 984, BE: 3,0

1. Kichererbsenmehl in eine Rührschüssel geben. Rosmarinnadeln fein hacken, mit 375 ml kaltem Wasser, Salz und 3 Esslöffeln Olivenöl zum Kichererbsenmehl geben. Die Zutaten zu einem glatten Teig verrühren. Den Teig etwa 20 Minuten quellen lassen.

2. In der Zwischenzeit Salate putzen, abspülen, gut trocken tupfen oder trocken schleudern. Ziegenfrischkäse mit Creme fraîche, Zitronenschale, Salz und Pfeffer verrühren.

3. Den Backofen vorheizen.

Ober-/Unterhitze etwa 100 °C

4. Das Eiweiß steif schlagen und unter den Teig heben. Aus dem Teig insgesamt 12 dünne, goldbraune Pfannkuchen backen. Dafür jeweils etwas von dem restlichen Olivenöl in einer kleinen Pfanne (ø 16 cm) erhitzen. Je etwas von dem Teig gleichmäßig verteilt in die Pfanne geben und die Pfanne dabei kreisen. Die Socca-Pfannkuchen von beiden Seiten goldbraun backen. Die gebackenen Pfannkuchen im vorgeheizten Backofen warm halten.

5. In der Zwischenzeit Avocados halbieren und jeweils den Stein entfernen. Avocadohälften schälen und in Spalten schneiden.

6. Socca-Wrap mit der Ziegenkäsecreme, den Avocadospalten, Salaten und getrockneten Tomaten belegen. Sofort servieren.

Panzanella
Italienischer Brotsalat

Zutaten:

1	Bio-Zitrone (unbehandelt, ungewachst)
2–3 Stängel	Basilikum
50 g	Rucola (Rauke)
1	Knoblauchzehe
5 EL	Olivenöl
2 EL	Wasser
	Meersalz
	gem. schwarzer Pfeffer
75 g	Ciabatta
100 g	grüne Bohnen
	Salzwasser
12	Cocktailtomaten
½	rote Paprikaschote
6–8	Kalamata-Oliven
20 g	Parmesan

Zubereitungszeit:
40 Minuten

2 Portionen

Pro Portion: E: 10 g, F: 32 g, Kh: 29 g, kJ: 1894, kcal: 451, BE: 2,0

1. Zitrone heiß abwaschen und abtrocknen. Die Hälfte der Zitronenschale fein abreiben. Zitrone halbieren und den Saft auspressen. 3 Esslöffel Saft abmessen und beiseitestellen. Basilikum abspülen und trocken tupfen. Die Blättchen von den Stängeln zupfen. Rucola putzen und die harten Stiele entfernen. Rucola abspülen und abtropfen lassen.

2. Je ein Drittel Rucola- und Basilikumblättchen grob zerschneiden. Restlichen Rucola und restliche Basilikumblättchen zugedeckt in den Kühlschrank stellen. Knoblauch abziehen und grob zerkleinern.

3. Den Backofengrill vorheizen.

4. Klein geschnittenen Rucola und klein geschnittenes Basilikum mit Knoblauch, 4 Esslöffeln Olivenöl, 2 Esslöffeln Wasser und Meersalz im Blitzhacker fein pürieren. Zitronenschale und grob gemahlenen Pfeffer untermischen. Kräuteröl beiseitestellen.

5. Ciabatta in sehr dünne Scheiben schneiden, nebeneinander auf ein Backblech legen und unter den vorgeheizten Backofengrill schieben. Brot von beiden Seiten goldbraun rösten.

6. Von den Bohnen die Enden abschneiden. Bohnen evtl. abfädeln, abspülen und abtropfen lassen. Die Bohnen in kochendem Salzwasser etwa 8 Minuten garen. Anschließend die Bohnen in ein Sieb geben, mit kaltem Wasser abschrecken und gut abtropfen lassen.

7. Tomaten abspülen, trocken tupfen, halbieren, Stängelansätze herausschneiden. Tomaten in kleine Stücke schneiden. Paprikaschotenhälfte entstielen, entkernen, weiße Scheidewände entfernen. Schotenhälfte abspülen, abtropfen lassen, in dünne Streifen schneiden.

8. Restliches Olivenöl in einer weiten Pfanne erhitzen. Die Paprikastreifen darin etwa 1 Minute bei starker Hitze unter Rühren braten. Die Bohnen, Oliven und Tomatenstücke hinzugeben und unter Rühren etwa 1 Minute mitgaren lassen.

9. Beiseitegestellten Zitronensaft unter das beiseitegestellte Kräuteröl rühren. Kalt gestellte Basilikumblättchen, Rucola, die warme Bohnen-Paprika-Mischung und die gerösteten Brotscheiben locker mit dem Kräuteröl mischen, evtl. nachwürzen.

10. Den Salat in einer Schale anrichten. Parmesan dünn hobeln. Panzanella damit bestreuen.

Rote-Zwiebel-Pizza
mit Feigen und Ziegenkäse

Titelbild
Zutaten

Für den Teig:

300 g	Weizenmehl (Type 550)
1 TL	Dr. Oetker Trockenbackhefe
	Salz
225 ml	lauwarmes Wasser

Für die Tomaten-Feigen-Sauce:

75 g	passierte Tomaten (aus dem Tetrapak)
2 EL	roter Feigensenf
	gem. schwarzer Pfeffer

Für den Belag:

350 g	rote Zwiebeln
150 g	frische Feigen
225 g	abgetropfter Mozzarella
1 EL	Fenchelsamen
60 g	Ziegenkäserolle
etwa 20	Salbeiblätter
2 EL	Olivenöl

Zubereitungszeit:
40 Minuten

Teiggeh-/Ruhezeit:
etwa 90 Minuten

Backzeit:
22–25 Minuten

4 Portionen

Pro Portion: E: 23 g, F: 23 g, Kh: 71 g, kJ: 2505, kcal: 598, BE: 5,5

1. Für den Teig Mehl in einer Rührschüssel mit der Trockenbackhefe und 1 Teelöffel sorgfältig vermischen. 225 ml lauwarmes Wasser hinzugießen und kurz mit einem Kochlöffel gleichmäßig zu einem Teig verrühren. Den Teig zugedeckt an einem warmen Ort etwa 90 Minuten gehen lassen.

2. Für die Sauce passierte Tomaten mit dem Feigensenf verrühren, mit Salz und Pfeffer würzen.

3. Für den Belag Zwiebeln abziehen, zuerst in dünne Scheiben schneiden, dann in Ringe teilen. Feigen abspülen, trocken tupfen und entstielen. Die Feigen mit der Schale in dünne Scheiben schneiden. Mozzarella mit den Händen in kleine Stücke zupfen, mit Fenchelsamen mischen und in einem Sieb nochmals abtropfen lassen. Ziegenkäserolle in dünne Scheiben schneiden.

4. Den Backofen vorheizen.

Ober-/Unterhitze: etwa 220 °C

5. Den gegangenen Teig in zwei Portionen teilen, auf einer leicht bemehlten Arbeitsfläche in dem Mehl wenden. Die beiden Teigportionen auf ein Backblech (mit Backpapier belegt) geben und zu je einem etwa 1 cm dicken Fladen formen.

6. Die Teigfladen mit der Tomaten-Feigen-Sauce bestreichen. Die Zwiebelringe und Feigenscheiben darauf verteilen. Mit Salz und Pfeffer würzen. Dann mit den Mozzarellastücken und Ziegenkäsescheiben gleichmäßig belegen.

7. Das Backblech in den vorgeheizten Backofen (untere Einschubleiste) schieben. Die rote Rote-Zwiebel-Pizza bei Ober-/Unterhitze **in 22–25 Minuten goldbraun backen.**

8. In der Zwischenzeit Salbeiblätter abspülen, trocken tupfen und mit Olivenöl vermischen. Etwa 5 Minuten vor Ende der Backzeit die Salbeiblätter auf den Fladen verteilen und fertig backen.

Ratatouille
aus der Provence

Zutaten:

- 1 Tomate
- 1 gelbe Paprikaschote
- 1 Zucchini
- 1 kleine Aubergine
- 1 Stängel Rosmarin
- 4–5 EL Olivenöl
- 2 Knoblauchzehen
- Salz
- gem. Pfeffer
- etwas Balsamico-Essig

Zubereitungszeit:
25 Minuten

2–3 Portionen als Beilage

Pro Portion: E: 4 g, F: 19 g, Kh: 10 g, kJ: 937, kcal: 223, BE: 0,0

1. Das angegebene Gemüse abspülen und abtrocknen. Die Tomate vierteln, entkernen und den Stängelansatz herausschneiden. Tomatenviertel nochmals quer oder längs halbieren. Paprikaschote mit einem Sparschäler grob schälen, vierteln, entkernen und die weißen Scheidewände entfernen. Schotenviertel in Größe der Tomatenstücke schneiden.

2. Von der Zucchini die Enden abschneiden. Zucchini in etwa 5 mm dicke Scheiben schneiden. Von der Aubergine den Stängelansatz entfernen. Aubergine der Länge nach vierteln und in etwa 5 mm dicke Stücke schneiden. Rosmarin abspülen, trocken tupfen und die Nadeln von dem Stängel zupfen.

3. Die vorbereiteten Tomatenstücke werden nicht angebraten – sie sollen durch das daraufgegebene, angebratene Gemüse nur etwas Hitze abbekommen – somit kommen sie als erstes in eine große Schüssel. Einen Esslöffel des Olivenöls in einer Pfanne erhitzen. Die Paprikastücke mit einer nicht geschälten, angedrückten Knoblauchzehe darin etwa 1 Minute scharf anbraten. Mit Salz und Pfeffer würzen und mit einem Spritzer Essig ablöschen. Die Paprikastücke mit der Knoblauchzehe auf den Tomatenstücken in der Schüssel verteilen.

4. Wieder einen Esslöffel des Olivenöls in der Pfanne erhitzen. Die Zucchinischeiben mit der restlichen nicht geschälten, angedrückten Knoblauchzehe darin etwa 1 Minute scharf anbraten, mit Salz, Pfeffer und Essig würzen und auf die Paprikastücke geben.

5. Restliches Olivenöl in der Pfanne erhitzen. Die Auberginenstücke darin 3–4 Minuten anbraten. Mit Salz, Pfeffer und Essig würzen, Rosmarinnadeln unterrühren. Die Auberginenstücke auf die Zucchinischeiben geben. Das angebratene, geschichtete Gemüse vermischen. Mit Salz, Pfeffer und Essig abschmecken.

Tipps: Ratatouille muss nicht heiß gegessen werden, sondern ist lauwarm oder kalt auch sehr köstlich. Zusätzlich einige Basilikumblättchen untermischen. Sollte etwas von dem Ratatouille übrig bleiben, zugedeckt in den Kühlschrank stellen und bei nächster Gelegenheit/am nächsten Tag gut klein hacken und als Topping auf Crostinis geben.

Rigatoni
mit Erbsenpesto

Zutaten:

7 EL	Olivenöl
75 g	Pinienkerne
2	Knoblauchzehen
	Salz
450 g	TK-Erbsen
6 Stängel	Basilikum
	grob gem.,
	schwarzer Pfeffer
50 g	getrocknete Tomaten
100 ml	Wasser
50 g	Rucola (Rauke)
4 l	Wasser
4 gestr. TL	Salz
400 g	Rigatoni
	(ital. Röhrennudeln)
60 g	fein ger. Parmesan

Zubereitungszeit:

35 Minuten

4 Portionen

Pro Portion: E: 31 g, F: 34 g, Kh: 90 g, kJ: 3297, kcal: 788, BE: 7,5

1. Einen Esslöffel Olivenöl in einer Pfanne erhitzen. Die Pinienkerne darin unter Rühren goldbraun rösten. Den Knoblauch abziehen und durch eine Knoblauchpresse drücken. Knoblauch unter die gerösteten Pinienkerne rühren.

2. Wasser in einem Topf zum Kochen bringen, Salz hinzufügen. Die gefrorenen Erbsen hinzugeben, wieder zum Kochen bringen und etwa 3 Minuten bei starker Hitze kochen lassen. Anschließend die Erbsen kurz in Eiswasser abschrecken und in einem Sieb gut abtropfen lassen.

3. Basilikum abspülen und trocken tupfen. Von 4 Stängeln die Blättchen von den Stängeln zupfen. Restliche Basilikumstängel beiseitelegen.

4. Die Erbsen mit den Basilikumblättchen, Pinienkernen und dem restlichen Olivenöl in eine Küchenmaschine mit Schneidmesser geben und grob pürieren. Oder mit einem Pürierstab grob pürieren. Püree mit Salz und grob gemahlenem Pfeffer würzen.

5. Tomaten in kleine Stücke schneiden, mit Wasser in einem kleinen Topf zum Kochen bringen und bei mittlerer Hitze einkochen lassen, bis fast keine Flüssigkeit mehr vorhanden ist.

6. Rucola putzen und die dicken Stiele abschneiden. Rucola abspülen und trocken tupfen.

7. Das Wasser in einem großen Topf zugedeckt zum Kochen bringen. Dann Salz und Nudeln hinzugeben. Die Nudeln im geöffneten Topf bei mittlerer Hitze nach Packungsanleitung bissfest kochen, dabei gelegentlich umrühren. Anschließend die Nudeln in ein Sieb geben, mit heißem Wasser abspülen und abtropfen lassen.

8. Von den beiseitegelegten Basilikumstängeln die Blättchen abzupfen. Blättchen grob zerschneiden.

9. Die Nudeln mit dem Pesto und den Tomatenstücken mischen und in vorgewärmten Tellern anrichten. Mit Basilikum, Rucola und Parmesan bestreuen und sofort servieren.

Artischocken-Mangold-Gemüse
aus dem Ofen

Zutaten:

8	kleine Artischocken (je 250–300 g)
8 EL	Olivenöl
3 EL	Zitronensaft
	Salz
	gem. Pfeffer
12	Knoblauchzehen
100 ml	Madeira (Dessertwein)
225 ml	trockener Weißwein
375–400 ml	Gemüsebrühe
400 g	Mangold
30	getrocknete Soft-Tomaten
4 Stängel	Thymian
16	schwarze Oliven, mit Stein, z. B. Kalamata
5 Stängel	glatte Petersilie
4 Stängel	Basilikum
50 g	Parmesan, im Stück

Zubereitungszeit:
60 Minuten

Garzeit:
80–90 Minuten

4 Portionen

Pro Portion: E: 13 g, F: 27 g, Kh: 12 g, kJ: 1724, kcal: 411, BE: 0,5

1. Den Backofen vorheizen.
Ober-/Unterhitze: etwa 180 °C
Heißluft: etwa 160 °C

2. Von den Artischocken die äußeren harten, grünen Blätter entfernen. Das dunkle Grün am Stielansatz der Artischocken mit einem scharfen Messer entfernen. Die Stiele dick schälen. Das Heu mit einem Kugelausstecher jeweils aus der Artischockenmitte herauslösen.

3. Artischocken vierteln, mit 4 Esslöffeln des Olivenöls und Zitronensaft mischen, mit Salz und Pfeffer würzen. Die Artischockenviertel in einen großen Bräter oder eine Fettpfanne legen.

4. Die Knoblauchzehen mit der Schale hinzugeben. Madeira, Weißwein und Brühe hinzugießen.

5. Den Bräter auf dem Rost oder die Fettpfanne in den vorgeheizten Backofen (untere Einschubleiste) schieben. Die Artischocken **80–90 Minuten garen**, dabei ab und zu wenden.

6. Mangold putzen, gründlich waschen und abtropfen lassen. Stiele von den Blättern schneiden. Die Blätter in große Stücke zupfen und die Stiele in etwa 8 cm lange Stücke schneiden. Tomaten in dünne Streifen schneiden. Thymian abspülen, trocken tupfen und die Blättchen von den Stängeln zupfen.

7. Nach etwa 65 Minuten Garzeit die Mangoldstiele mit Thymianblättchen, Tomatenstreifen und Oliven zu den Artischocken in den Bräter oder in die Fettpfanne legen und fertig garen.

8. Etwa 10 Minuten vor Ende der Garzeit das restliche Olivenöl in einer großen Pfanne erhitzen. Die Mangoldblätter darin 4–5 Minuten bei mittlerer Hitze unter Wenden leicht anbraten. Mit Salz und Pfeffer würzen. Petersilie und Basilikum abspülen, trocken tupfen und die Blättchen von den Stängeln zupfen. Blättchen klein schneiden und kurz vor dem Servieren mit den Mangoldblättern unter die Artischocken mischen.

9. Parmesan dünn hobeln. Artischocken-Mangold-Gemüse auf Tellern anrichten und mit Parmesanhobeln bestreut servieren.

Tipp: Dazu passen kleine, in Butter geschwenkte Kartoffeln.

Pastasotto
mit halb getrockneten Tomaten

Zutaten:

650 g	Cocktailtomaten
9 EL	Olivenöl
	Meersalz
	gem. schwarzer Pfeffer
1 EL	Puderzucker
100 g	Zwiebeln
1–2	Knoblauchzehen
2 l	heiße Gemüsebrühe
400 g	Risone-Nudeln
	(Nudeln, die wie große
	Reiskörner aussehen)
75 ml	Weißwein
100 g	Parmesan, im Stück
75 g	Rucola (Rauke)
5 Stängel	Basilikum
	evtl. etwas Olivenöl

Zubereitungszeit:
40 Minuten, ohne Trockenzeit

Garzeit:
Pastasotto 17–20 Minuten

4 Portionen
Pro Portion: E: 24 g, F: 33 g, Kh: 81 g, kJ: 3046, kcal: 722, BE: 6,0

1. Den Backofen vorheizen.
Ober-/Unterhitze: etwa 130 °C

2. Tomaten abspülen, trocken tupfen, halbieren und die Stängelansätze herausschneiden. Tomatenhälften mit der Schnittfläche nach oben auf ein Backblech (mit Backpapier belegt) legen. Mit 4 Esslöffeln Olivenöl beträufeln, mit Salz und Pfeffer bestreuen, mit Puderzucker bestäuben.

3. Das Backblech in den vorgeheizten Backofen schieben. Tomatenhälften **etwa 2 Stunden garen (trocknen)**, dabei die Backofentür einen kleinen Spalt breit offen lassen.

4. Zwiebeln und Knoblauch abziehen, in kleine Würfel schneiden. Brühe erhitzen. Restliches Olivenöl in einem Topf erhitzen. Zwiebel- und Knoblauchwürfel darin kräftig andünsten. Die Nudeln hinzugeben und ebenfalls kräftig mitdünsten lassen. Mit Wein ablöschen und ganz einkochen lassen. 250 ml der heißen Brühe hinzugießen und zum Kochen bringen. Mit Salz und Pfeffer würzen.

5. Pastasotto 17–20 Minuten bei schwacher bis mittlerer Hitze al dente garen. Während der Garzeit nach und nach die restliche, heiße Brühe hinzugießen und sehr häufig umrühren. Pastasotto sollte schön sämig sein.

6. Parmesan fein reiben. Rucola putzen und die dicken Stiele abschneiden. Rucola abspülen, trocken tupfen oder trocken schleudern. Rucola grob zerschneiden. Basilikum ebenfalls abspülen, trocken tupfen und die Blättchen von den Stängeln zupfen. Blättchen grob zerschneiden. Den Parmesan unter das Pastasotto rühren.

7. Das Pastasotto auf Tellern anrichten. Die warmen Tomatenhälften vom Backblech nehmen und darauf verteilen. Mit Rucola und Basilikum bestreuen. Nach Belieben noch etwas Olivenöl darauf träufeln.

Die Leichtigkeit des Seins

Nudeln – Wunderbare Vielfalt

Nudeln waren schon im alten China bekannt und eine Legende berichtet, Marco Polo habe sie von seinen Asienreisen nach Italien gebracht. Aber schon im ältesten bekannten Kochbuch der Welt des Römers Apicius wird bereits ein Teiggericht erwähnt. Inzwischen ist Pasta – das italienische Wort für Teig – eine wichtige Grundlage vieler mediterraner Köstlichkeiten. Meistens wird sie aus Hartweizengrieß, Kochsalz und Wasser hergestellt, gelegentlich werden auch Eier hinzugefügt. Vor allem in Italien gehört Pasta zwischen den Alpen und Sizilien zum alltäglichen Speiseplan – als Auflauf, in der Suppe oder gekocht. Jenseits von Spaghetti oder Lasagne gibt es viele verführerische Variationen in ganz unterschiedlichen Größen, Formen und Farben zu entdecken. Man kann aus hunderten Sorten wählen und findet schöne Namen wie Schmetterlinge (Farfalle), kleine Öhrchen (Orecchiette) oder Engelshaar (Capelli d'angelo). Nicht nur in Italien, auch in anderen Ländern rund um das Mittelmeer gehören Nudeln zu vielen Gerichten dazu. Kritharáki sind kleine griechische Nudeln in der Form von Reiskörnern, die als Beilage, für ein Risotto oder eine Suppe verwendet werden. Die Sopa de fideos ist eine traditionelle spanische Suppe mit dünnen langen Nudeln; in die französischen Soupe au pistou gehören neben Gemüse, Knoblauch und Basilikum auch kleine Nudeln. Auf der nordafrikanischen Seite des Mittelmeers stehen Nudeln genauso auf dem Speiseplan, wie bei dem Maqrona m'hammra genannten Auflauf aus Tunesien.

Basisvorrat

Nudeln, Risottoreis, Olivenöl, Käse, Tahin (Sesampaste), Weinblätter, Paprika, Oliven, Artischocken, Fenchel, Bleichsellerie, Kapern, Pinienkerne, getrocknete Tomaten, Oregano, Basilikum, Rosmarin, Minze, Lorbeer.

Knoblauch – Gesunde Zehen

Die meist zwölf Zehen einer Knoblauchknolle sind – ganz, geschnitten oder zerdrückt – sowohl roh als auch gebraten oder gedünstet fester Bestandteil der mediterranen Küche. Italienische Spaghetti aglio e olio, griechische Tsatsiki, französische Aioli oder spanisches Pan con tomate bekommen damit ihren unverwechselbaren Geschmack. Man kann Butter mit Knoblauch verfeinern, Salatdressings würzen oder es Gemüse zufügen – gesund ist es immer. Andere wichtige Gewürze der mediterranen Küche sind Rosmarin, Oregano, Lorbeer, Paprika, Safran oder die Sesam-Thymian-Gewürzmischung Zahtar.

Wein – Die Sonne schmecken

Fester Bestandteil der Esskultur in vielen Ländern rund um das Mittelmeer ist der Genuss von Wein zum Essen – allerdings in Maßen. Auch beim Kochen ist er unverzichtbar. Wein verleiht vielen Zutaten und Saucen ein besonders raffiniertes Aroma. Als passender Begleiter unterschiedlicher Mahlzeiten ist Wein die perfekte harmonische Abrundung eines Essens. Bei stark gewürzten Speisen, kräftigem Käse oder schweren Gratins empfiehlt sich ein Rotwein, leichtere Gerichte harmonieren oft besser mit Weißweinen. Nicht fehlen sollte in der Küche auch ein guter roter oder weißer Weinessig, der besonders Salatmarinaden ein ganz spezielles Aroma verleiht.

2010

In diesem Jahr wurde die Mittelmeerküche von der UNESCO in die „Repräsentative Liste des immateriellen Kulturerbes der Menschheit" aufgenommen. Den Antrag hatten Griechenland, Italien, Marokko und Spanien gestellt. 2013 wurde der Eintrag erweitert – nun gehören auch Kroatien, Portugal und Zypern dazu.

„Contigo, pan y cebolla."

Dieses spanische Sprichwort bedeutet wörtlich „Mit Dir, Brot und Zwiebeln" und drückt als ein Zeichen freundschaftlicher oder familiärer Verbundenheit die Absicht aus, gemeinsam durch „dick und dünn" gehen zu wollen.

Arabische *Länder*

Die Grenzen sind im mediterranen Raum und im Nahen Osten fließend zwischen nordafrikanischen Esskulturen mit Couscous und Bulgur, orientalischen Gewürzen wie Harissa und Minze sowie vom Islam geprägten arabischen Unterscheidungen von erlaubten (halal) und unzulässigen (haram) Lebensmitteln.

Fleischlose Gerichte haben einen festen Platz in der arabischen Küche. In Europa besonders populär sind neben Hummus oder gefüllten Weinblättern vor allem Falafel, frittierte Bällchen aus pürierter Hirse oder Bohnen, vermischt mit Kräutern und serviert mit Gemüse und Fladenbrot. Weniger bekannt, aber genauso lecker sind Labna, Frischkäsebällchen mit Zitronensaft.

Rote Bete-Salat
mit Walnusskernen, Minze und Feta

Zutaten:

6 EL	Olivenöl
75 g	Walnusskernhälften
800 g	Rote Bete, gekocht (vakuumverpackt)
4 EL	Zitronensaft
1 EL	Kreuzkümmel, ganz (Cumin)
1 TL	Chiliflakes
	Salz
1	kleiner Granatapfel
20	Minzeblättchen
150 g	Fetakäse

Zubereitungszeit:
25 Minuten, ohne Durchziehzeit

4 Portionen
Pro Portion: E: 12 g, F: 36 g, Kh: 24 g, kJ: 2024, kcal: 483, BE: 2,0

1. Einen Esslöffel Olivenöl in einer Pfanne erhitzen. Die Walnusskernhälften darin unter Rühren goldbraun rösten und auf einem Teller erkalten lassen. Walnusskernhälften grob hacken.

2. Rote Bete in dickere Streifen schneiden und in eine Schüssel geben. Zitronensaft, restliches Olivenöl, Kreuzkümmel und Chiliflakes untermischen, mit Salz würzen. Rote Bete etwa 20 Minuten durchziehen lassen.

3. Granatapfel aufbrechen, die Kerne herauslösen und von den hellen Häuten trennen. Minzeblättchen abspülen, trocken tupfen und grob zerschneiden. Fetakäse grob zerbröseln.

4. Den Rote Bete-Salat mit Walnusskernen, Fetabröseln, Granatapfelkernen und Minze bestreuen und servieren.

Tipp: Dazu passt geröstetes Fladenbrot.

Labna
Frischkäsebällchen

Zutaten:

- 2 Bio-Zitronen (unbehandelt, ungewachst)
- 8 Stängel Thymian
- 1 kg griechischer Sahnejoghurt
- Salz
- 50 g Pistazienkerne, geröstet und gesalzen
- 1 TL Anis, ganz
- 10 g Sultaninen
- 50 g getrocknete Aprikosen
- 1 EL flüssiger Honig
- 1 EL Olivenöl

Zusätzlich:

- 160 g Fladenbrot zum Aufbacken

Zubereitungszeit:
45 Minuten, ohne Abtropfzeit (3–5 Tage)

8 Portionen (24 Stück)
Pro Portion: E: 7 g, F: 18 g, Kh: 22 g, kJ: 1168, kcal: 278, BE: 2,0

1. Zitronen heiß abwaschen, abtrocknen. Von einer Zitrone die Schale fein abreiben. Zitrone halbieren, den Saft auspressen und 3 Esslöffel davon abmessen. Thymian abspülen, trocken tupfen und die Blättchen von den Stängeln zupfen. Blättchen klein schneiden.

2. Den Joghurt mit 1 Teelöffel Salz, Zitronenschale, dem abgemessenen Zitronensaft und Thymian gut verrühren.

3. Ein großes Sieb am besten mit einer doppelten Lage Mulltuch auslegen. Die Joghurtmasse hineingeben und das Mulltuch wie ein Säckchen am Ende mit Küchengarn zusammenbinden. Das Sieb mit dem Joghurt so auf eine Schüssel setzen, dass die Flüssigkeit gut abtropfen kann und das Sieb nicht in der Flüssigkeit liegt. Das Joghurtsäckchen beschweren, z. B. mit einer Konservendose. Die Schüssel mit dem Sieb in den Kühlschrank stellen. Joghurt mindestens 3, höchstens 5 Tage abtropfen lassen.

4. Pistazienkerne, Anis, Sultaninen und Aprikosen in kleine Stücke hacken. Von der restlichen Zitrone die Schale fein abreiben. Pistazienkerne mit Anis, Sultaninen, Aprikosen und Zitronenschale in eine Schüssel geben. Honig und Olivenöl unterrühren.

5. Aus der gut abgetropften Joghurtmasse mit leicht angefeuchteten Händen 24 kleine Kugeln (je etwa 20 g) formen. Jede Kugel mit einer Seite in die Pistazien-Mischung drücken und mit der Mischung nach oben auf Tellern anrichten.

6. Das Fladenbrot in 12 dünne Scheiben schneiden. Fladenbrotscheiben im Toaster goldbraun rösten.

Tipp: Sie können die Fladenbrotscheiben auch auf ein Backblech legen und sie unter dem heißen Backofengrill von beiden Seiten goldbraun rösten.

Rezeptvariante: Für **Joghurt-Käse-Bällchen mit Kräuteröl** 1 ½ kg Joghurt (mind. 3,5 % Fett) mit 2 gestrichenen Teelöffeln Salz verrühren, wie beschrieben in einem Sieb abtropfen lassen. Daraus wie beschrieben 36 Kugeln formen und auf einem flachen Teller zugedeckt etwa 3 Stunden im Kühlschrank fest werden lassen. Dann mit 2 Lorbeerblättern, 3 Thymian- und 2 Oreganostängeln in Einweckgläser geben, mit so viel Olivenöl (etwa 500 ml) übergießen, dass die Bällchen gut bedeckt sind. Gläser mit Twist-off-Deckeln® verschließen. Die Bällchen 1–2 Wochen kalt, dunkel und trocken gestellt aufbewahren, erst dann servieren.

Falafel
aus gelben Linsen

Zutaten

Zum Vorbereiten:
- 175 g gelbe Linsen

Für die Falafel:
- 50 g Frühlingszwiebeln
- 2 Knoblauchzehen
- 1 getrocknetes Kaffirlimettenblatt
- 1 Bio-Limette (unbehandelt, ungewachst)
- 12 Stängel Koriander
- 4 EL Wasser
- 2 EL mildes Currypulver
- 1 EL Sambal Oelek
- Salz

Für den Mango-Dip:
- 75 g Mango-Fruchtfleisch (vorbereitet gewogen)
- 20 g frischer Ingwer
- 150 g Cocktailtomaten
- 1 EL Sesamöl
- 4 Basilikumblättchen

Zum Frittieren:
- 1 l Speiseöl, z. B. Sonnenblumenöl

Zubereitungszeit:
40 Minuten, ohne Einweichzeit

4–6 Portionen (30 Stück)

Pro Portion: E: 10 g, F: 11 g, Kh: 27 g, kJ: 1033, kcal: 245, BE: 2,0

1. Zum Vorbereiten die Linsen über Nacht in reichlich kaltem Wasser einweichen.

2. Am nächsten Tag die Linsen in ein Sieb geben und abtropfen lassen.

3. Für die Falafel Frühlingszwiebeln putzen, abspülen, abtropfen lassen und in feine Scheiben schneiden. Knoblauch abziehen und grob würfeln. Das Kaffirlimettenblatt fein zerbröseln.

4. Die Limette heiß abwaschen, abtrocknen und die Schale fein abreiben. Die Limette beiseitelegen. Koriander abspülen, trocken tupfen und die Blättchen von den Stängeln zupfen. Blättchen grob zerschneiden.

5. Linsen, Frühlingszwiebelscheiben, Knoblauchwürfel, Kaffirlimettenblatt, Limettenschale und Koriander in einen hohen Rührbecher geben. Wasser, Curry, Sambal Oelek und Salz hinzufügen. Die Zutaten mit einem Pürierstab zu einer groben Paste pürieren.

6. Für den Dip das Mango-Fruchtfleisch in feine Würfel schneiden. Ingwer schälen und sehr fein würfeln. Die beiseitegelegte Limette halbieren, den Saft auspressen und 3 Esslöffel davon abmessen. Tomaten abspülen, abtrocknen, halbieren und die Stängelansätze herausschneiden. Tomatenhälften klein schneiden. Die Mangowürfel mit Ingwerwürfeln, abgemessenem Limettensaft und Tomatenstücken in eine Schüssel geben. Das Sesamöl unterrühren.

7. Basilikumblättchen abspülen, trocken tupfen, fein schneiden und unter den Mango-Dip rühren.

8. Das Speiseöl in einer Fritteuse auf etwa 180 °C erhitzen. Aus der Linsenmasse mit einem Teelöffel insgesamt 30 kleine, längliche Klößchen formen und leicht andrücken. Die Klößchen darin portionsweise jeweils etwa 5 Minuten goldbraun ausbacken.

9. Die fertigen Falafel mit einem Schaumlöffel herausnehmen und auf Küchenpapier abtropfen lassen. Die Falafel warm mit dem Mango-Dip servieren.

Kichererbsensuppe
mit Aromaöl-Tropfen und Minze

Zutaten

Für das Gewürzöl:

6 EL	Olivenöl
1 TL	gem. Schwarzkümmel
1 TL	gem. Kurkuma (Gelbwurz)
2 TL	Paprikapulver rosenscharf
250 g	Kichererbsen (aus der Dose)
100 g	Zwiebeln
2 geh. TL	gem. Kreuzkümmel (Cumin)
400 ml	Gemüsebrühe
100 g	Schlagsahne
10	Minzeblättchen
	Salz
3 EL	Zitronensaft
	Cayennepfeffer
8 dünne Scheiben	Fladenbrot (je etwa 30 g)

Zubereitungszeit:
30 Minuten

4 Portionen
Pro Portion: E: 11 g, F: 26 g, Kh: 44 g, kJ: 1933, kcal: 462, BE: 3,5

1. Für das Gewürzöl 2 Esslöffel Olivenöl mit Schwarzkümmel, Kurkuma und Paprika verrühren.

2. Kichererbsen in ein Sieb geben, mit kaltem Wasser abspülen und gut abtropfen lassen. Zwiebeln abziehen und klein würfeln. Restliches Olivenöl in einem Topf erhitzen. Zwiebelwürfel darin kräftig andünsten. Kreuzkümmel hinzugeben und kurz mitdünsten lassen. Kichererbsen hinzugeben. Brühe und Sahne hinzugießen. Die Zutaten zum Kochen bringen und etwa 5 Minuten kochen lassen.

3. Minzeblättchen abspülen und trocken tupfen. Die Suppe mit Salz, Zitronensaft und Cayennepfeffer pikant würzen. Zwei Drittel der Minzeblättchen hinzugeben. Die Suppe mit einem Pürierstab sehr fein und cremig pürieren.

4. Den Backofengrill vorheizen.

5. Die Fladenbrotscheiben unter dem vorgeheizten Backofengrill kurz von beiden Seiten goldbraun rösten und anschließend in Streifen schneiden. Die restlichen Minzeblättchen in Streifen schneiden. Die Suppe in Tellern verteilen und mit dem Gewürzöl beträufeln. Mit den Minzestreifen garnieren und den Fladenbrotstreifen servieren.

Ziegenkäse-Pastillas
mit Birnenkompott

Zutaten

Für das Birnenkompott:

1 EL	vorbereitete frische Rosmarinnadeln
300 g	reife Birnen, z. B. Williams oder Abate
20 g	Pinienkerne
3 EL	Aceto-Balsamico-Essig
50 ml	Birnensaft, Salz grob gem. schwarzer Pfeffer
2 EL	Walnussöl

Für die Ziegenkäse-Pastillas:

1–2 Stängel	Thymian
30 g	Butter
75 g	frischer Filo- oder Yufkateig (aus dem Kühlregal)
6	runde Ziegenweichkäse-Taler, z. B. Picandou (je etwa 40 g)
6 TL	flüssiger Akazienhonig

Zum Bestäuben:

1 gestr. EL	Puderzucker
½ TL	gem. Zimt

Zubereitungszeit:
40 Minuten, ohne Abkühlzeit

Backzeit:
etwa 15 Minuten

6 Portionen
Pro Portion: E: 9 g, F: 18 g, Kh: 25 g, kJ: 1262, kcal: 302, BE: 2,0

1. Für das Kompott die Rosmarinnadeln grob hacken. Birnen schälen, halbieren und entkernen. Birnenhälften in etwa ½ cm große Würfel schneiden.

2. Pinienkerne in einem kleinen Topf ohne Fett unter Rühren goldbraun rösten. Birnenwürfel und Rosmarin hinzugeben, Balsamico und Birnensaft hinzugießen. Alles mit etwas Salz und Pfeffer würzen. Die Zutaten zum Kochen bringen und 3–4 Minuten kochen lassen. Den Topf von der Kochstelle nehmen. Das Kompott erkalten lassen. Das Walnussöl unter das erkaltete Kompott rühren.

3. Für die Pastillas Thymian abspülen, trocken tupfen und die Blättchen von den Stängeln zupfen. Die Butter zerlassen.

4. Den Backofen vorheizen.
Ober-/Unterhitze: etwa 220 °C
Heißluft: etwa 200 °C

5. Die Teigblätter in 12 Quadrate (etwa 16 x 16 cm) schneiden. 1 Teigblatt auf der Arbeitsplatte ausbreiten, dünn mit zerlassener Butter bestreichen und ein zweites Blatt darauflegen.

6. Einen Ziegenkäse-Taler auf die Teigmitte legen, mit 1 Teelöffel Honig beträufeln, mit grob gemahlenem Pfeffer und einigen Thymianblättchen bestreuen.

7. Eine Ecke des Teiges über die Füllung falten und mit Butter bestreichen. Etwa alle 2 cm weitere Ecken über die Füllung falten und jeweils mit Butter bestreichen, bis das Päckchen komplett geschlossen ist. Auf diese Weise insgesamt 6 Ziegenkäse-Pastillas herstellen.

8. Die Ziegenkäse-Pastillas auf ein Backblech (mit Backpapier belegt) setzen. Die Oberfläche mit der restlichen Butter bestreichen.

9. Das Backblech in den vorgeheizten Backofen (unteres Drittel) schieben. Ziegenkäse-Pastillas in **etwa 15 Minuten goldbraun backen**.

10. Zum Bestäuben Puderzucker mit Zimt mischen. Das Backblech auf einen Kuchenrost stellen.

11. Den Zimt-Zucker dünn über die heißen Pastillas sieben und die Pastillas warm mit dem Kompott servieren.

Tipps: Die Ziegenkäse-Pastillas schmecken auch kalt sehr lecker.

Kürbis-Börek-Sticks
mit Orangen-Minze-Dip

Zutaten:

450 g	Hokkaido-Kürbis
	Salz
	Cayennepfeffer
1	rote Zwiebel (etwa 40 g)
100 ml	Sonnenblumenöl
4 Stängel	Minze
350 g	Fetakäse
1 EL	Paprikapulver edelsüß

Für den Orangen-Minze-Dip:

1 EL	Schwarzkümmel
½ TL	fein abger. Schale von 1 Bio-Orange (unbehandelt, ungewachst)
300 g	Joghurt (3,5 % Fett)
200 g	Filo- oder Yufkateig

Zubereitungszeit:
55 Minuten, ohne Abkühlzeit

Garzeit:
18–20 Minuten

18 Stück

Pro Stück: E: 5 g, F: 10 g, Kh: 9 g, kJ: 621, kcal: 148, BE: 0,5

1. Den Backofen vorheizen.
Ober-/Unterhitze: etwa 200 °C
Heißluft: etwa 180 °C

2. Kürbis abspülen, abtrocknen, halbieren. Kerne herausschaben. Kürbis mit der Schale in 9 gleich große Spalten schneiden, mit etwas Salz und Cayennepfeffer würzen.

3. Die Kürbisspalten mit der Schale nach unten auf ein Backblech (mit Backpapier belegt) setzen, in den vorgeheizten Backofen (unteres Drittel) schieben. Die Kürbisspalten **18–20 Minuten garen**, anschließend die Kürbisspalten erkalten lassen.

4. Zwiebel abziehen, fein würfeln. 1 Esslöffel von dem Öl in einer Pfanne erhitzen. Zwiebelwürfel darin weich dünsten, auf einen Teller geben und erkalten lassen.

5. Minze abspülen, trocken tupfen, Blättchen von den Stängeln zupfen. Die Blättchen von 2 Stängeln fein schneiden. Fetakäse zerbröseln. Kürbisspalten fein hacken. Fetakäse mit Zwiebelwürfeln, Kürbis, Minze und Paprika gut vermischen.

6. Für den Dip den Schwarzkümmel in einer Pfanne ohne Fett unter Wenden leicht rösten, auf einen Teller geben. Die restlichen Minzeblättchen fein schneiden. Mit Orangenschale und Joghurt glatt rühren. Den Orangen-Minze-Dip in 6 Schälchen füllen und mit dem Schwarzkümmel bestreuen.

7. Den Teig in 18 Rechtecke (je 30 x 20 cm) schneiden, übereinanderlegen, mit einem leicht angefeuchteten Geschirrtuch bedecken (der Teig wird sehr schnell trocken und brüchig). Ein Teigblatt mit der breiteren Seite nach unten auf eine Arbeitsfläche legen. Etwas von der Feta-Kürbis-Füllung in einem etwa 22 cm langen Streifen daraufgeben. Die Seiten links und rechts darüberklappen und fest aufrollen.

8. Auf diese Weise insgesamt 18 Kürbis-Börek-Sticks zubereiten. Die Sticks mit der Naht nach unten auf ein Backblech (mit Backpapier belegt) legen.

9. Das restliche Sonnenblumenöl in einer breiten Pfanne erhitzen. Die Kürbis-Börek-Sticks darin bei starker Hitze rundherum goldbraun braten.

10. Anschließend auf Küchenpapier legen und gut abtropfen lassen. Die warmen Kürbis-Börek-Sticks mit dem Dip servieren.

Auberginen-Tomaten-Tajine
mit Gewürz-Couscous

Zutaten:

- 150 g Zwiebeln
- 2 Knoblauchzehen
- 3 Auberginen (je etwa 350 g)
- 400 g Cocktailtomaten
- 100 g Butter
- 6 EL flüssiger Pinienhonig oder Blütenhonig
- 2 EL Ras el Hanout (marokkanische Gewürzmischung)
- Salz
- 200 ml Gemüsebrühe
- 75 getr. Feigen
- 50 g gehobelte Mandeln
- 40 g grüne Rosinen (Bioladen) oder Sultaninen
- 1 TL gem. Zimt
- 1 TL gem. Cumin (Kreuzkümmel)
- 1 TL gem. Koriander
- 200 g Couscous
- 15 Minzeblättchen
- 400 g Sahnejoghurt

Zubereitungszeit:
35 Minuten

Garzeit:
etwa 45 Minuten

4 Portionen

Pro Portion: E: 18 g, F: 40 g, Kh: 91 g, kJ: 3476, kcal: 829, BE: 7,0

1. 100 g der Zwiebeln abziehen und grob würfeln. Knoblauch abziehen und in Scheiben schneiden. Von den Auberginen die Stängelansätze abschneiden. Auberginen abspülen, trocken tupfen und längs sechsteln. Tomaten abspülen, trocken tupfen und vierteln, dabei die Stängelansätze herausschneiden.

2. Den Backofen vorheizen.
Ober-/Unterhitze: etwa 220 °C
Heißluft: etwa 200 °C

3. 75 g Butter in einer großen feuerfesten Tajine oder in einem großen Bräter zerlassen. Die Zwiebelwürfel darin bei mittlerer Hitze goldbraun braten. Knoblauchscheiben, Honig, Tomatenviertel und Ras el Hanout untermischen. Mit Salz würzen. Die Zutaten etwa 3 Minuten unter Rühren kräftig andünsten. Die Auberginenspalten hinzugeben und gut untermischen. Die Brühe hinzugießen. Die Tajine oder den Bräter mit einem Deckel verschließen und auf dem Rost in den vorgeheizten Backofen (unterste Einschubleiste) schieben. Auberginen-Tomaten-Tajine **etwa 45 Minuten garen**. Während der Garzeit das Gemüse zweimal wenden.

4. Von den Feigen die harten Stiele abschneiden. Die Feigen in etwa 1 cm große Stücke schneiden und nach etwa 30 Minuten Garzeit unter die Auberginen-Tomaten-Tajine mischen.

5. In der Zwischenzeit die Mandeln in einer Pfanne ohne Fett unter Rühren goldbraun rösten. Restliche Zwiebeln abziehen und in kleine Würfel schneiden.

6. Nach etwa 35 Minuten Garzeit der Auberginen-Tomaten-Tajine die restliche Butter in einem Topf zerlassen. Die Zwiebelwürfel darin bei mittlerer Hitze goldbraun rösten, bis sie weich sind. Rosinen, Zimt, Cumin und Koriander untermischen und kurz mit anrösten. Couscous hinzugeben, mit Salz würzen und 300 ml Wasser hinzugießen.

7. Die Zutaten kurz aufkochen lassen. Dann den Topf von der Kochstelle nehmen und den Couscous zugedeckt etwa 5 Minuten quellen lassen.

8. Minzeblättchen abspülen, trocken tupfen und grob zerschneiden. Den gequollenen Couscous mit zwei Gabeln auflockern. Couscous mit der Auberginen-Tomaten-Tajine anrichten. Mit Mandeln und Minze bestreuen und den Joghurt darauf verteilen.

Shakshuka-Auflauf
mit Hirse

Zutaten:

- 150 g Hirse
- 550 ml heißes Wasser
- ½ gestr. TL Salz

- 1 rote Paprikaschote (etwa 200 g)
- ½ rote Chilischote
- 500 g Fleischtomaten
- 125 g Zwiebeln
- 2 Knoblauchzehen
- 6 EL Olivenöl
- 1 Döschen (0,1 g) Safranfäden
- 1 EL Kreuzkümmelsamen
- 1 EL Paprikapulver edelsüß
- 100 ml Gemüsebrühe
- 4 Eier (Größe M)

- 8 große Blätter Minze
- etwa 100 g Fetakäse
- 1 TL echte Schwarzkümmelsamen

Zubereitungszeit:
40 Minuten

Garzeit:
etwa 8 Minuten

4 Portionen

Pro Portion: E: 17 g, F: 31 g, Kh: 34 g, kJ: 2031, kcal: 485, BE: 2,5

1. Die Hirse in ein feines Sieb geben und unter fließendem heißen Wasser abspülen und abtropfen lassen. Hirse mit 550 ml heißem Wasser und Salz in einen weiten Topf geben. Hirse bei mittlerer Hitze zum Kochen bringen und zugedeckt etwa 5 Minuten kochen lassen. Anschließend die Hirse unter gelegentlichem Rühren bei schwacher Hitze in etwa 15 Minuten ausquellen lassen (dabei die Packungsanleitung beachten), bis das Wasser vollständig aufgesogen ist.

2. In der Zwischenzeit die Paprikaschote halbieren, entstielen, entkernen und die weißen Scheidewände entfernen. Schote abspülen, abtropfen lassen und in etwa 2 cm große Stücke schneiden. Chilischote abspülen, abtropfen lassen, entstielen und mit den Kernen fein hacken.

3. Tomaten abspülen, abtropfen lassen und in etwa 3 cm große Stücke schneiden, dabei die Stängelansätze herausschneiden. Zwiebeln und Knoblauch abziehen, klein würfeln.

4. Das Olivenöl in einer großen Pfanne erhitzen. Die Zwiebelwürfel darin bei schwacher Hitze goldbraun braten. Knoblauch, Chili, Safran, Kreuzkümmel und Paprikapulver unterrühren. Die Paprika- und Tomatenstücke hinzugeben, kurz andünsten und mit Salz würzen. Die Gemüsebrühe unterrühren. Das Gemüse etwa 5 Minuten kochen lassen, bis kaum noch Flüssigkeit vorhanden ist.

5. Den Backofen vorheizen.

Ober-/Unterhitze: etwa 200 °C
Heißluft: etwa 180 °C

6. Die Hirse in 4 Portionsauflaufformen (gefettet) oder in einer großen Auflaufform (gefettet) verteilen. Das Gemüse darauf verteilen und 4 Vertiefungen für die Eier hineindrücken. Die Eier aufschlagen, in die Vertiefungen gleiten lassen und mit Salz würzen.

7. Die Portionsauflaufformen oder die Form auf dem Rost in den vorgeheizten Backofen schieben. Shakshuka-Hirse-Auflauf **etwa 8 Minuten garen**, bis das Eiweiß gestockt, aber das Eigelb noch cremig ist.

8. In der Zwischenzeit Minzeblätter abspülen, trocken tupfen und in Streifen schneiden. Fetakäse zerbröseln. Minzestreifen und Fetabrösel mit dem Schwarzkümmel auf den Auflauf streuen und den Auflauf sofort servieren.

Eintausend und ein Genuss

Couscous – Langsam gegarte Körner

Seit der Antike spielt der Orient eine Schlüsselrolle im Handel mit Gewürzen zwischen Ost und West. Basare sind ein Fest für die Sinne und ziehen Besucher mit den exotischen Farben und Gerüchen schnell in ihren Bann. Bis heute sind würzige Aromen ein wesentlicher Bestandteil der arabischen Küche, deren Grundlage neben Reis vor allem Grieß ist. Hergestellt aus Weizen, Gerste oder Hirse bildet er die Grundlage für Couscous. Man kocht dieses Getreide nicht, sondern lässt es im kalten Wasser aufquellen oder langsam über Wasserdampf garen. Als Salat wird Couscous oft vermischt mit Nüssen, Rosinen und Gemüse. Als Hauptgericht kann es auch ohne Fleisch mit unterschiedlichen Gemüsen kombiniert werden.

Bulgur hat ein ähnliches Aussehen und einen vergleichbaren Geschmack wie Couscous, besteht allerdings aus Weizengrütze. Er ist die Grundlage vieler Gerichte – besonders verbreitet ist der Tabbouleh genannte Salat aus der libanesischen Küche. Tomaten, Petersilie, Minze, Zwiebeln und Olivenöl werden mit Bulgur vermischt und können als Vorspeise, Beilage oder Hauptgericht in eine Mahlzeit integriert werden. Die türkische Variante des Bulgursalats heißt Kisir.

Kurkuma – Das Auge isst mit

Arabische Gerichte sollen als sinnliche Genüsse nicht nur den Gaumen, sondern auch das Auge und die Nase erfreuen. Deshalb wird besonders viel Wert auf farbenfrohe und wohlschmeckende Gewürze gelegt. Viele Gemüsespeisen bekommen schon durch die Verwendung von kleinen Mengen Kurkuma eine leuchtende Farbe. Äußerlich ist die Gelbwurz genannte Knolle dem Ingwer ähnlich. Sie ist auch ein Bestandteil vieler Currymischungen und ersetzt als Färbemittel aus Kostengründen häufig den kostspieligen Safran. Weitere wichtige Gewürze der arabischen Küche sind Kreuzkümmel, schwarzer Pfeffer, Zimt, Koriander, Petersilie, Kardamom und Pfefferminze.

3.000

In Europa wirkt sie oft exotisch, aber in den arabischen Ländern wird Okra als eines der ältesten Gemüse der Welt schon immer verzehrt. Am Nil wurden die Schoten, die an bis zu 2,50 Meter hohen Sträuchern wachsen, schon vor 3000 Jahren angebaut.

> *„Wer Honig essen will, der ertrage das Stechen der Bienen."*
>
> Traditionelle arabische Weisheit

Kaffee und Kardamom – Gutes Team

Aus dem Arabischen Wort ‚qahwa' für ‚anregendes Getränk' entstand die Bezeichnung Kaffee. Ursprünglich aus Äthiopien stammend, wurde er über das Osmanische Reich nach Europa gebracht, wo Ende des 17. Jahrhunderts die ersten Kaffeehäuser in Paris und Wien öffneten. Erst konnten sich nur Wohlhabende das exotische Getränk leisten, inzwischen gehört es zum Alltag. Die Zubereitungsarten sind regional verschieden und entwickelten sich vom Kannenaufguss über löslichen Kaffee und Espresso bis zur Verwendung von Coffee-Pads. Bei der Zubereitung von arabischem Mokka wird dem Kaffeemehl häufig Kardamom zugegeben – Kardamomsamen sind ein verbreitetes Gewürz in der asiatischen und arabischen Küche. Alternative Getränke sind in den westlichen arabischen Ländern Minztee, grüner Tee mit Minze und im Osten schwarzer gesüßter Tee.

Basisvorrat

Couscous, Bulgur, Fladenbrot, Okra, Kichererbsen, Granatäpfel, Rosinen, Datteln, Nüsse, Zitrusfrüchte, Rosenwasser, Joghurt, Käse, Honig, Bockshornklee, Petersilie, Minze, Mohn.

Amerika, Karibik,
Mexiko, Südamerika, Australien

Man wird der amerikanischen Küche in ihrer Vielfalt nicht gerecht, wenn man vor lauter Burgern und Steaks nicht auch die vielen vegetarischen Rezepte sieht. Aus einem New Yorker Hotel stammt der aus Äpfeln, Sellerie und Walnüssen bestehende Waldorfsalat. Ebenso verbreitet sind fleischlose Chili-Gerichte, Kürbis in vielen Variationen, gesunde Sandwiches und würzige Tomaten-Eierspeisen wie die in Mexiko beliebten Huevos Rancheros.

In der südamerikanischen Küche spielen Reis, Bohnen und Chilis eine wichtige Rolle, in der Karibik schätzt man Süßkartoffeln und Maniok, in Australien gehört der Hefeextrakt Vegemite bei vielen Speisen ganz selbstverständlich dazu.

Farmer's Market Sandwich
California Style

Zutaten:

5 Stängel	Thymian
55 g	getrocknete Softtomaten
25 g	mittelscharfer Senf
125 ml	Ahornsirup
	Salz
	gem. schwarzer Pfeffer
225 g	Zucchini
2 EL	Maiskeimöl
30 g	Rucola (Rauke)
300 g	Tomaten
240 g	kleine, runde Ziegenfrischkäse, z. B. Picandou
8 Scheiben	Sandwichbrot mit Vollkorn (je etwa 40 g)
30 g	Butter (zimmerwarm)

Zubereitungszeit:
35 Minuten

Grillzeit:
etwa 10 Minuten

4 Portionen

Pro Portion: E: 19 g, F: 25 g, Kh: 61 g, kJ: 2359, kcal: 562, BE: 5,0

1. Thymian abspülen und trocken tupfen. Die Blättchen von den Stängeln zupfen. Die Thymianblättchen mit Tomaten, Senf, Ahornsirup, etwas Salz und reichlich schwarzem Pfeffer in einen Blitzhacker geben und fein pürieren. Zucchini abspülen, abtrocknen und die Enden abschneiden. Zucchini in dünne Scheiben schneiden.

2. Maiskeimöl in einer Pfanne erhitzen. Die Zucchinischeiben darin von beiden Seiten bei mittlerer Hitze etwa 3 Minuten braten und anschließend leicht mit Salz würzen.

3. Rucola putzen und die dicken Stiele entfernen. Rucola abspülen und trocken tupfen. Tomaten abspülen, trocken tupfen und die Stängelansätze herausschneiden. Tomaten in Scheiben schneiden. Ziegenfrischkäse ebenfalls in Scheiben schneiden.

4. Alle Sandwichscheiben mit dem Tomaten-Thymian-Püree bestreichen. Die Hälfte der Sandwichscheiben zuerst mit den Tomaten-, dann mit den Ziegenkäsescheiben, Rucola und zuletzt mit den Zucchinischeiben belegen. Mit den restlichen Sandwichscheiben belegen und leicht zusammendrücken. Alle vier oberen Sandwichscheiben mit der Hälfte der Butter bestreichen.

5. Eine Grillpfanne bei mittlerer Hitze heiß werden lassen. Die Sandwiches mit der Butterseite nach unten in die Grillpfanne legen und in etwa 5 Minuten goldbraun grillen (braten). Dabei die restliche Butter auf die oberen, nicht bestrichenen Sandwichscheiben streichen. Sandwiches wenden und in weiteren 4–5 Minuten goldbraun grillen (braten). Die Sandwiches warm servieren.

Chili
mit Sojaschnetzel

Zutaten:

150 g	Sojaschnetzel, fein
950 ml	Gemüsebrühe
100 g	Zwiebeln
2	Knoblauchzehen
½–1	rote Chilischote
je 300 g	rote und grüne Paprikaschoten
4 EL	Olivenöl
1 TL	gem. Kreuzkümmel (Cumin)
1 TL	Paprikapulver edelsüß
500 g	passierte Tomaten (aus der Dose)
285 g	abgetropfter Gemüsemais (aus der Dose)
250 g	abgetropfte Kidney-Bohnen (aus der Dose)
	Salz
5 Stängel	glatte Petersilie
3 Stängel	Koriander
150 g	saure Sahne

Zubereitungszeit:
35 Minuten, ohne Quellzeit

Garzeit:
etwa 15 Minuten

4 Portionen
Pro Portion: E: 32 g, F: 19 g, Kh: 38 g, kJ: 1958, kcal: 467, BE: 3,0

1. Die feinen Sojaschnetzel in einer großen Schüssel mit 450 ml kochender Gemüsebrühe übergießen. Die Sojaschnetzel etwa 30 Minuten quellen lassen.

2. Zwiebeln und Knoblauch abziehen. Die Zwiebeln in kleine Würfel und Knoblauch in dünne Scheiben schneiden. Chilischote entstielen, abspülen, trocken tupfen und mit den Kernen in dünne Ringe schneiden. Paprikaschoten halbieren, entstielen, entkernen und die weißen Scheidewände entfernen. Schoten abspülen, abtropfen lassen und in etwa 2 cm große Stücke schneiden.

3. Olivenöl in einem weiten Topf erhitzen. Zwiebelwürfel und Knoblauchscheiben darin kräftig andünsten. Kreuzkümmel und Paprika unterrühren, ganz kurz mitrösten lassen. Chilischotenringe unterrühren. Die restliche Gemüsebrühe mit den passierten Tomaten hinzugeben. Sojaschnetzel und die Paprikastücke unterheben. Chili zum Kochen bringen und etwa 15 Minuten bei schwacher Hitze kochen lassen.

4. Mais und Kidney-Bohnen jeweils in ein Sieb geben, mit kaltem Wasser abspülen und gut abtropfen lassen.

5. Mais und Kidney-Bohnen nach etwa 10 Minuten Garzeit zum Chili in den Topf geben und mitkochen lassen. Chili mit Salz abschmecken.

6. Petersilie und Koriander abspülen, trocken tupfen und die Blättchen von den Stängeln zupfen. Petersilie und Koriander getrennt klein schneiden. Petersilie unter das Chili mischen.

7. Das Chili auf Tellern anrichten und je einen Klecks saure Sahne hineingeben. Mit Koriander bestreuen.

Tipp: Servieren Sie zu dem Chili mit Sojaschnetzel Taco-Chips oder warme Tortillafladen.

Paprika mit Ziegenkäse,
Kapern und Parmesan-Scones

Zutaten:

je 2	rote und gelbe Paprikaschoten (je etwa 200 g)
9 EL	Olivenöl
2 Stängel	Rosmarin
3 EL	Rotweinessig
	Salz
	gem. schwarzer Pfeffer
20	abgetropfte, schwarze Oliven, mit Stein

Für den Teig:

45 g	Butter
125 g	Weizenmehl
1 gestr. TL	Dr. Oetker Backin
40 g	fein ger. Parmesan
75 g	Crème fraîche
40 g	abgetropfte Kapern (aus dem Glas)
4 Stängel	glatte Petersilie
300 g	Ziegenfrischkäse-Rolle

Zusätzlich:

etwas Weizenmehl

Zubereitungszeit:
40 Minuten, ohne Marinierzeit

Backzeit:
22–25 Minuten

4 Portionen
Pro Portion: E: 14 g, F: 63 g, Kh: 39 g, kJ: 3255, kcal: 781, BE: 3,0

1. Paprikaschoten vierteln, entstielen, entkernen und die weißen Scheidewände entfernen. Schoten abspülen und abtropfen lassen. Paprikastücke mit 3 Esslöffeln Olivenöl gut vermischen. Paprikastücke in einer Grillpfanne bei schwacher bis mittlerer Hitze langsam von jeder Seite 10–12 Minuten braten.

2. Inzwischen Rosmarin abspülen, trocken tupfen. Nadeln abzupfen, klein schneiden, mit Essig, Salz und Pfeffer verrühren, vier Esslöffel des restlichen Olivenöls unterschlagen. Oliven untermischen.

3. Die Paprikastücke aus der Pfanne nehmen, mit der Vinaigrette vermischen und etwa 45 Minuten marinieren. In der Zwischenzeit für den Teig die Butter 10–15 Minuten im Gefrierschrank anfrieren lassen.

4. Den Backofen vorheizen.
Ober-/Unterhitze: etwa 180 °C
Heißluft: etwa 160 °C

5. Mehl mit Backpulver, 30 g Parmesan und Salz in einer Rührschüssel mischen. Angefrorene Butter in Flöckchen schneiden und mit den Händen unter die Mehl-Parmesan-Mischung arbeiten, bis eine grießähnliche Konsistenz entstanden ist. Anschließend in die Mitte eine Vertiefung drücken. Crème fraîche hineingeben.

6. Die Zutaten mit den Händen vermischen, bis ein streuselartiger Teig entstanden ist. Den Teig auf einer leicht bemehlten Arbeitsfläche vorsichtig zu einer Teigkugel formen, mit etwas Mehl bestäuben und zu einer etwa 1 ½ cm dicken Platte ausrollen.

7. Aus der Teigplatte mit einer Ausstechform (Ø 5 cm) Scones ausstechen. Restlichen Teig wieder zusammendrücken, flach drücken, erneut Scones ausstechen. Scones auf ein Backblech (mit Backpapier belegt) legen, mit restlichem Parmesan bestreuen und in den vorgeheizten Backofen schieben. Scones in **22–25 Minuten goldbraun backen.**

8. Kapern mit Küchenpapier trocken tupfen. Restliches Olivenöl in einer Pfanne erhitzen. Die Kapern darin von allen Seiten bei mittlerer Hitze 3–4 Minuten knusprig braten. Petersilie abspülen, trocken tupfen und die Blättchen von den Stängeln zupfen. Blättchen grob zerschneiden. Ziegenfrischkäse in 12 Scheiben schneiden.

9. Marinierte Paprikastücke mit der Vinaigrette auf Tellern anrichten. Ziegenfrischkäse darauflegen. Mit Kapern und Petersilie garnieren. Paprikastücke mit den lauwarmen Scones servieren.

Huevos Rancheros
mit Tortillas

Zutaten:

- 100 g rote Zwiebeln
- 2 Knoblauchzehen
- 600 g Cocktailtomaten
- 600 g abgetropfte Kidney-Bohnen (aus der Dose)
- 4 EL Maiskeimöl
- 1 EL gem. Cumin (Kreuzkümmel)
- 1 TL Pimenton de la vera (Rauchpaprika-Gewürz)
- Salz
- 4 große Tortillafladen (ø etwa 25 cm)
- 4 Eier
- 12 Stängel Koriander
- 1 Bio-Limette (unbehandelt, ungewachst)
- 100 g Fetakäse

Zubereitungszeit:
30 Minuten

Garzeit:
etwa 15 Minuten

4 Portionen
Pro Portion: E: 31 g, F: 28 g, Kh: 64 g, kJ: 2850, kcal: 679, BE: 5,0

1. Zwiebeln und Knoblauch abziehen. Zwiebeln fein würfeln und Knoblauch in dünne Scheiben schneiden. Tomaten abspülen, trocken tupfen und halbieren, dabei die Stängelansätze herausschneiden. Kidney-Bohnen in ein Sieb geben, mit kaltem Wasser abspülen und abtropfen lassen.

2. Den Backofen vorheizen.
Ober-/Unterhitze: etwa 175 °C
Heißluft: etwa 155 °C

3. Maiskeimöl in einer großen Pfanne erhitzen. Die Zwiebelwürfel darin bei mittlerer Hitze goldbraun braten, bis sie weich sind. Knoblauchscheiben, Cumin und Pimenton untermischen und kurz mit anrösten. Tomatenhälften und Kidney-Bohnen hinzugeben, mit Salz würzen und weitere etwa 2 Minuten mitgaren lassen. Die Pfanne von der Kochstelle nehmen. Das Gemüse etwas abkühlen lassen.

4. Die Tortillafladen in vier kleine, feuerfeste Formen oder in feuerfeste Pfannen (ø 18 cm) legen und leicht andrücken. Das Gemüse jeweils als Kranz auf den Fladen verteilen, sodass in der Mitte je eine Mulde frei bleibt. Die Eier einzeln aufschlagen und vorsichtig in die Mulden geben.

5. Die Formen oder Pfannen nacheinander (bei Heißluft zusammen) auf dem Rost in den vorgeheizten Backofen (unteres Drittel) schieben. Huevos Rancheros **etwa 15 Minuten garen**, bis die Eier gestockt und die Tortillafladen goldbraun sind.

6. Koriander abspülen und trocken tupfen. Die Blättchen von den Stängeln zupfen, Blättchen grob zerschneiden. Limette heiß abwaschen, abtrocknen und vierteln.

7. Die gestockten Eier mit Salz bestreuen. Huevos Rancheros anrichten, mit zerbröseltem Fetakäse und Koriander bestreuen und mit Limettenspalten garniert sofort servieren.

Gemüse-Flatbread
mit dreierlei Käse

Zutaten

Für den Teig:

- 300 g Weizenmehl (Type 550)
- 1 TL Dr. Oetker Trockenbackhefe
- 1 gestr. TL Salz
- 1 EL vorbereitete Rosmarinnadeln
- 225 ml lauwarmes Wasser
- 2 EL Olivenöl

Für den Belag:

- 75 g Fenchel
- ½ rote Paprikaschote (etwa 100 g)
- 75 g Cocktailtomaten
- 10 Basilikumblättchen
- 100 g Ricotta (ital. Frischkäse)
- 10 g abgetropfte Kapern
- Salz
- gem. schwarzer Pfeffer
- 50 g abgetropfter Mozzarella (möglichst Büffelmozzarella)
- 25 g ger. Parmesan

Zubereitungszeit:
45 Minuten, ohne Teiggehzeit

Backzeit:
20–25 Minuten

6–8 Portionen

Pro Portion: E: 9 g, F: 8 g, Kh: 34 g, kJ: 1034, kcal: 247, BE: 3,0

1. Für den Teig Mehl in eine Rührschüssel geben und mit Trockenbackhefe sorgfältig vermischen. Salz und fein gehackte Rosmarinnadeln hinzufügen und untermischen. Wasser und Olivenöl hinzugeben. Die Zutaten mit einem Mixer (Knethaken) zunächst kurz auf niedrigster, dann auf höchster Stufe in etwa 5 Minuten zu einem glatten Teig verarbeiten. Den Teig zugedeckt an einem warmen Ort etwa 90 Minuten gehen lassen.

3. Für den Belag Fenchel putzen, abspülen, abtropfen lassen. Paprikaschotenhälfte entstielen, entkernen und die weißen Scheidewände entfernen. Schotenhälfte abspülen und abtropfen lassen. Fenchel und Paprikaschotenhälfte in hauchdünne Scheiben hobeln.

4. Die Tomaten abspülen, abtrocknen und die Stängelansätze herausschneiden. Tomaten jeweils in 3 Scheiben schneiden.

5. Die Basilikumblättchen abspülen, trocken tupfen und grob zerschneiden.

6. Den Backofen vorheizen.

Ober-/Unterhitze: etwa 220 °C

7. Den Teig in etwas Mehl wenden, nicht mehr durchkneten und sofort auf einem Backblech (gefettet, mit Backpapier belegt) zu einem etwa 1 cm dicken, rechteckigen Fladen formen.

8. Den Teigfladen gleichmäßig mit Ricotta bestreichen, dann mit Basilikum und Kapern bestreuen. Fenchel-, Paprika- und Tomatenscheiben gleichmäßig darauf verteilen.

9. Das Flatbread mit Salz und Pfeffer bestreuen. Den Mozzarella in kleine Stücke zupfen, mit Parmesan auf dem Flatbread verteilen.

10. Das Backblech in den vorheizten Backofen (unterste Schiene) schieben. Das Gemüse-Flatbread **20–25 Minuten backen**.

11. Das Backblech auf einen Kuchenrost stellen. Das Gemüse-Flatbread in 6–8 gleich große Stücke schneiden und heiß servieren.

Jamaika-Patties
mit Mango-Dip

Zutaten

Für den Gemüsebelag:

- 1 kleine rote Zwiebel (25 g)
- ¼ grüne Paprikaschote
- 50 g Süßkartoffel
- 2 Stängel Minze
- ¼–½ rote Chilischote
- 50 g abgetropfter Gemüsemais (aus der Dose)
- ½ TL gem. Piment
- ½ TL gem. Kreuzkümmel
- 90 g geraspelter Gouda, Salz

Für den Teig:

- 100 g Weizenmehl
- 40 g Maismehl
- 1 TL Dr. Oetker Backin
- 1 EL gem. Kurkuma
- ½ TL gem. Kreuzkümmel
- ½ TL gem. Koriander
- 65 g Butter (zimmerwarm)
- 1 Ei (Größe S)
- 2 EL Buttermilch

Für den Mango-Dip:

- 1 Bio-Limette
- 100 g Mango-Fruchtfleisch
- 75 g Mango-Chutney

Zubereitungszeit:
40 Minuten

Backzeit:
etwa 20 Minuten

6 Portionen

Pro Portion: E: 8 g, F: 15 g, Kh: 29 g, kJ: 1216, kcal: 291, BE: 2,5

1. Für den Belag Zwiebel abziehen, klein würfeln. Paprika entstielen, entkernen, weiße Scheidewände entfernen. Schotenviertel abspülen, abtropfen lassen, sehr fein würfeln. Süßkartoffel schälen, abspülen, abtropfen lassen, in sehr feine Würfel schneiden.

2. Minze abspülen und trocken tupfen. Von einem Minzestängel die Blättchen abzupfen und fein schneiden. Chili abspülen, trocken tupfen, entstielen und mit den Kernen fein hacken.

3. Die Zwiebel-, Paprika-, Süßkartoffelwürfel, fein geschnittene Minze und fein gehackte Chilischote mit Mais, Piment, Kreuzkümmel und 25 g von dem Gouda mischen, mit Salz würzen.

4. Den Backofen vorheizen.
Ober-/Unterhitze: etwa 200 °C
Heißluft: etwa 180 °C

5. Für den Teig Mehl mit Maismehl, Backpulver, Kurkuma, Kreuzkümmel, Koriander und 1 Teelöffel Salz in einer Rührschüssel mischen. Butter in kleine Würfel schneiden und mit dem restlichen Gouda hinzugeben. Die Zutaten mit einem Mixer (Knethaken) zunächst kurz auf niedrigster, dann auf höchster Stufe zu einer leicht krümeligen Masse verarbeiten.

6. Ei und Buttermilch hinzugeben und mit dem Mixer (Knethaken) nicht zu lange unterkneten, sodass eine Teigkugel entsteht. Den Teig auf einer leicht bemehlten Arbeitsfläche etwa ½ cm dick ausrollen. Aus dem Teig 6 runde Platten (Ø etwa 10 cm) ausstechen.

7. Die Teigplatten auf ein Backblech (mit Backpapier belegt) legen. Den Gemüsebelag darauf verteilen und leicht festdrücken. Das Backblech in den vorgeheizten Backofen schieben. Die Jamaika-Patties **etwa 20 Minuten backen**.

8. In der Zwischenzeit für den Dip von dem restlichen Minzestängel die Blättchen abzupfen. Blättchen fein schneiden. Die Limette heiß abwaschen, abtrocknen und die Schale fein abreiben. Limette halbieren, den Saft auspressen und 1 Esslöffel davon abmessen.

9. Mango-Fruchtfleisch fein würfeln. Minze, Limettenschale und -saft, Mango-Fruchtfleisch und -Chutney verrühren.

10. Jamaika-Patties mit dem Backpapier von dem Backblech auf einen Kuchenrost ziehen. Die Patties warm oder kalt mit dem Mango-Dip servieren.

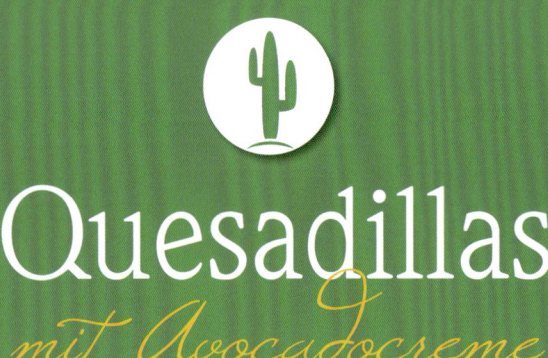

Quesadillas
mit Avocadocreme

Zutaten:

500 g	Avocado
3 EL	Limettensaft
	Salz
100 g	Frühlingszwiebeln
½–1	grüne Chilischote
250 g	Cheddar, im Stück
½	Bund Koriander
275 g	abgetropfter Gemüsemais (aus der Dose)
50 g	Crème fraîche
50 g	Röstzwiebeln (Fertigprodukt)
1 TL	Paprikapulver edelsüß
½ TL	gem. Kreuzkümmel (Cumin)
8	Weizen-Tortillafladen (ø etwa 20 cm)
8 EL	Olivenöl

Zubereitungszeit:
45 Minuten

4 Portionen
Pro Portion: E: 27 g, F: 77 g, Kh: 55 g, kJ: 4354, kcal: 1039, BE: 4,5

1. Die Avocados halbieren und jeweils den Stein entfernen. Das Fruchtfleisch aus den Schalen lösen und in einen hohen Rührbecher geben. Limettensaft sofort hinzugeben und untermischen. Avocado-Fruchtfleisch mit einem Pürierstab fein pürieren und mit Salz würzen.

2. Frühlingszwiebeln putzen, abspülen, abtropfen lassen und in sehr feine Scheiben schneiden. Chilischote halbieren, entstielen, entkernen, abspülen und trocken tupfen. Chilischote fein hacken. Cheddar grob reiben. Koriander abspülen, trocken tupfen und die Blättchen von den Stängeln zupfen. Zwei Drittel der Korianderblättchen grob zerschneiden.

3. Frühlingszwiebelscheiben, Chili, geriebenen Cheddar, Gemüsemais und grob geschnittenen Koriander in eine Schüssel geben. Crème fraîche, Röstzwiebeln, Paprika, Kreuzkümmel und Salz gut untermischen.

4. Den Backofen vorheizen.

Ober-/Unterhitze: etwa 100 °C

5. Die Gemüse-Käse-Mischung auf vier Tortillafladen verteilen. Die restlichen Tortillafladen daraufsetzen und fest andrücken.

6. Jeweils 2 Esslöffel Olivenöl in einer großen Pfanne erhitzen. Die gefüllten Tortillafladen darin nacheinander bei schwacher Hitze von jeder Seite etwa 3 Minuten goldbraun braten.

7. Die gebackenen Quesadillas im vorgeheizten Backofen warm halten.

8. Die restlichen Korianderblättchen klein schneiden. Die Quesadillas anrichten, mit Koriander bestreuen und mit der Avocadocreme servieren.

Gemüse-Crumble
nach Tex-Mex-Art

Zutaten:

- 125 g rote Zwiebeln
- je 1 rote, gelbe und grüne Paprikaschote (je etwa 200 g)
- 300 g Mangold
- 4 Stängel Thymian
- 5 EL Sonnenblumenöl
- 1 TL Chiliflocken (nach Belieben auch mehr)
- 1 EL gem. Piment
- 3 EL scharfer Senf
- 3 EL Ahornsirup
- 500 g passierte Tomaten (Tetrapak)
- 300 ml Gemüsebrühe
- Salz
- 300 g abgespülte, abgetropfte Kidney-Bohnen (aus der Dose)
- 100 g Butter
- 125 g Cheddar-Käse, im Stück
- 50 g Pekannusskerne
- 175 g Weizenmehl

Zubereitungszeit:
30 Minuten

Garzeit:
etwa 25 Minuten

4–6 Portionen

Pro Portion: E: 22 g, F: 46 g, Kh: 54 g, kJ: 3002, kcal: 717, BE: 4,5

1. Die Zwiebeln abziehen und in feine Würfel schneiden. Die Paprikaschoten halbieren, entstielen, entkernen und die weißen Scheidewände entfernen. Schoten abspülen, abtropfen lassen und in etwa 3 cm große Stücke schneiden.

2. Mangold putzen, die Stiele von den Blättern schneiden. Blätter und Stiele gründlich waschen und abtropfen lassen. Die Stiele in etwa 1 cm breite Stücke, die Blätter in etwa 5 cm große Stücke schneiden. Thymian abspülen und trocken tupfen. Die Blättchen von den Stängeln zupfen.

3. Das Sonnenblumenöl in einem großen Topf erhitzen. Zwiebelwürfel, Paprikastücke und Mangoldstielstücke darin bei starker Hitze unter Rühren andünsten. Chiliflocken, Piment, Senf und Ahornsirup unterrühren. Passierte Tomaten und Gemüsebrühe hinzugeben und unterrühren. Die Zutaten mit Salz würzen und zugedeckt in etwa 5 Minuten bissfest garen.

4. Die Kidney-Bohnen und Mangoldblätter hinzugeben und einmal kräftig aufkochen lassen. Das Gemüseragout in 4–6 Portionsauflaufformen (gefettet) oder in einer großen Auflaufform (gefettet) verteilen.

5. Den Backofen vorheizen.

Ober-/Unterhitze: etwa 180 °C
Heißluft: etwa 160 °C

6. Die Butter zerlassen. Den Cheddar fein reiben. Die Pekannusskerne im Blitzhacker fein hacken und mit dem Mehl in einer Schüssel vermischen. Die Butter hinzugeben und mit einer Gabel zu Streuseln verarbeiten. Cheddar locker untermischen. Die Streusel auf dem Gemüseragout verteilen.

7. Die Formen oder Form auf dem Rost in den vorgeheizten Backofen schieben. Tex-Mex-Gemüse-Crumble **etwa 25 Minuten garen**.

Enchiladas
mit roten Bohnen und Physalis-Tomaten-Sauce

Zutaten

Für die Enchiladas-Füllung:

- 200 g rote Zwiebeln
- 450 g rote Paprikaschoten
- 250 g Süßkartoffeln
- 40 g Walnusskerne
- 3 EL Maiskeimöl
- 1 gestr. EL gem. Cumin, Salz
- 720 g abgetropfte Kidney-Bohnen (aus der Dose)

Für die Physalis-Tomaten-Sauce:

- ½–1 rote Chilischote
- 125 g Physalis (Kapstachelbeeren)
- 300 g passierte Tomaten
- 125 g Kokosmilch

- 12 Tortillafladen (ø je 18 cm)

- 20 g getrocknete Cranberrys
- 75 g junger Gouda, geraspelt
- 12 Stängel Koriander
- 1 Bio-Limette

Zubereitungszeit:
45 Minuten

Backzeit:
16–18 Minuten

4 Portionen

Pro Portion: E: 37 g, F: 35 g, Kh: 116 g, kJ: 4126, kcal: 981, BE: 9,5

1. Für die Füllung 125 g der Zwiebeln abziehen, halbieren und in feine Streifen schneiden. Paprikaschoten halbieren, entstielen, entkernen und die weißen Scheidewände entfernen. Schoten abspülen, abtropfen lassen und in feine Streifen schneiden. Süßkartoffeln schälen, abspülen, abtropfen lassen und grob raspeln. Die Walnusskerne hacken.

2. Maiskeimöl in einer großen Pfanne erhitzen. Die vorbereiteten Zutaten mit Cumin in einer großen Pfanne unter mehrmaligem Wenden etwa 5 Minuten kräftig andünsten und mit Salz würzen. Kidney-Bohnen in ein Sieb geben, mit kaltem Wasser abspülen und gut abtropfen lassen. Die Bohnen zu dem angedünsteten Gemüse, den Walnusskernen und Kartoffeln geben und untermischen.

3. Den Backofen vorheizen.
Ober-/Unterhitze: etwa 200 °C
Heißluft: etwa 180 °C

4. Für die Sauce die restlichen Zwiebeln abziehen und fein würfeln. Chili abspülen, abtropfen lassen, entstielen und mit den Kernen klein schneiden. Physalis aus den Hüllen lösen, abspülen, abtropfen lassen und halbieren. Zwiebelwürfel mit Chili, Physalis, passierten Tomaten und Kokosmilch fein pürieren. Mit Salz würzen.

5. Die Bohnen-Gemüse-Masse in die Mitte der Tortillafladen geben und längs darauf verteilen. Die Seiten auf die Bohnen-Gemüse-Masse schlagen und die Fladen aufrollen. Mit der Naht nach unten in eine große oder 4 kleine Auflaufformen legen. Die Physalis-Tomaten-Sauce über die Mitte der Rollen gießen. Mit den Cranberrys und dem geraspelten Gouda bestreuen.

6. Die Form oder Formen auf dem Rost in den vorgeheizten Backofen (untere Einschubleiste) schieben. Enchiladas in **16–18 Minuten goldbraun backen**.

7. In der Zwischenzeit Koriander abspülen und trocken tupfen. Die Blättchen von den Stängeln zupfen. Blättchen grob zerschneiden. Limette heiß abwaschen, abtrocknen und vierteln.

8. Enchiladas anrichten und mit Koriander bestreut servieren. Limettenspalten dazureichen.

Frijoles (Bohneneintopf)
mit gebratenen Kochbananen und Avocado

Zutaten:

500 g	getrocknete, rote Bohnen
150 g	Zwiebeln
4	Knoblauchzehen
1–2	rote Chilischoten
300 g	Tomaten
2 EL	gem. Kreuzkümmel (Cumin)
	Salz
250 g	Langkornreis
	Salzwasser
200 g	Möhren
100 g	Frühlingszwiebeln
600 g	Kochbananen

etwa 500 ml Speiseöl zum Frittieren

300 g	Avocado
20 Stängel	Koriander

Zubereitungszeit:
45 Minuten, ohne Einweichzeit

Garzeit:
etwa 2 Stunden

4 Portionen
Pro Portion: E: 40 g, F: 23 g,
Kh: 138 g, kJ: 4241, kcal: 1013,
BE: 11,0

1. Die Bohnen in eine Schüssel geben. 2 Liter Wasser hinzugießen, sodass die Bohnen ganz mit dem Wasser bedeckt sind. Die Bohnen über Nacht einweichen.

2. Am nächsten Tag die Bohnen mit dem Einweichwasser in einen Topf geben, zum Kochen bringen und zugedeckt bei schwacher Hitze in etwa 60 Minuten weich kochen.

3. In der Zwischenzeit Zwiebeln und Knoblauch abziehen und grob würfeln. Chilischoten längs halbieren, entstielen und entkernen. Schoten abspülen, trocken tupfen und fein hacken. Tomaten abspülen, abtropfen lassen, halbieren und die Stängelansätze herausschneiden. Tomaten grob würfeln. Das vorbereitete Gemüse mit Kreuzkümmel im Blitzhacker fein pürieren.

4. Die Püreemasse nach etwa 60 Minuten Garzeit zu den Bohnen in den Topf geben und mit Salz würzen. Den Eintopf wieder zum Kochen bringen und bei schwacher Hitze ohne Deckel weitere etwa 40 Minuten kochen lassen.

5. Den Reis in kochendem Salzwasser nach Packungsanleitung garen. In der Zwischenzeit Möhren putzen, schälen, abspülen, abtropfen lassen und grob raspeln. Frühlingszwiebeln putzen, abspülen, abtropfen lassen und in dünne Scheiben schneiden. 275 g der Kochbananen schälen und in etwa 1 cm große Stücke schneiden. Möhrenraspel, Frühlingszwiebelscheiben und Kochbanane nach insgesamt 100 Minuten Garzeit zum Eintopf geben und in weiteren etwa 20 Minuten ohne Deckel fertig garen.

6. Kurz vor dem Servieren das Speiseöl in einem hohen Topf oder in der Fritteuse auf etwa 180 °C erhitzen. Die restlichen Kochbananen schälen und in sehr dünne Scheiben schneiden. Die Bananenscheiben in 2 Portionen in dem siedenden Speiseöl goldbraun und knusprig frittieren, dabei einmal wenden.

7. Die Bananenscheiben mit einem Schaumlöffel herausnehmen und auf Küchenpapier abtropfen lassen und mit Salz würzen. Avocado schälen, halbieren und den Kern entfernen. Avocado in Spalten schneiden.

8. Koriander abspülen und trocken tupfen. Die Blättchen von den Stängeln zupfen, Blättchen grob zerschneiden. Den Frijoles-Eintopf mit Koriander bestreuen. Mit dem Reis, den Kochbananen-Chips und den Avocadospalten anrichten und sofort servieren.

Cottage Cheese Pancakes
mit Karamellsirup und Beeren

Zutaten

Für den Sirup:
- 150 g Zucker
- 1 Prise Salz
- 200 g Schlagsahne

- 200 g Erdbeeren
- 200 g Himbeeren
- 200 g Blaubeeren

- 45 g Pecannusskerne
- 425 g Hüttenkäse
- 75 ml Milch (3,5 % Fett)
- 2 Eigelb (Größe L)
- 75 g Weizenmehl
- ½ gestr. TL Dr. Oetker Backin
- 1 Pck. Dr. Oetker Bourbon-Vanille-Zucker
- 2 Eiweiß (Größe M)

- 4 EL Maiskeimöl

Zubereitungszeit:
50 Minuten

4 Portionen

Pro Portion: E: 23 g, F: 43 g, Kh: 68 g, kJ: 3228, kcal: 771, BE: 5,5

1. Für den Sirup Zucker mit Salz in einem Topf goldbraun schmelzen lassen. Dann 150 g Sahne hinzugießen (Vorsicht spritzt!), zum Kochen bringen und 3–4 Minuten bei mittlerer Hitze kochen lassen, bis sich der ganze Zucker aufgelöst hat und eine dickliche Konsistenz entstanden ist. Den Topf von der Kochstelle nehmen, den Sirup lauwarm abkühlen lassen. Wird er kalt, könnte er zu fest werden, dann einfach kurz erhitzen.

2. Die Erdbeeren, Himbeeren und Blaubeeren putzen, kurz abspülen und gut abtropfen lassen. Erdbeeren in kleine Stücke schneiden.

3. Pecannusskerne klein hacken. 175 g Hüttenkäse, restliche Sahne, Milch und Eigelb verrühren. Mehl mit Backpulver mischen, mit Vanille-Zucker und den Pecannusskernen unter die Hüttenkäsemasse mischen. Eiweiß steif schlagen und unterheben.

4. Den Backofen vorheizen.

Ober-/Unterhitze: etwa 50 °C

5. Aus dem Teig insgesamt 12 Pancakes in 3–4 Portionen backen. Dafür jeweils etwas Maiskeimöl in einer beschichteten Pfanne (Ø etwa 20 cm) erhitzen. Dann 4 Teigkreise (ø je etwa 5 cm) hineingeben. Die Pancakes bei mittlerer Hitze etwa 2 Minuten goldbraun backen, dann wenden und noch weitere 1 ½–2 Minuten backen. Die gebackenen Pancakes im vorgeheizten Backofen warm halten.

6. Die Pancakes auf Tellern anrichten. Den restlichen Hüttenkäse mit den vorbereiteten Beeren darauf verteilen und mit dem Karamellsirup beträufeln. Sofort servieren.

Mohn-Pistazien-Pavlovas
mit Blaubeeren

Zutaten:

- 4 EL Blaumohn (ungemahlen)
- 2 Eiweiß (Größe M)
- Salz
- 50 g Zucker
- 1 TL Weißweinessig
- 50 g Puderzucker
- 2 TL Speisestärke
- 40 g gehackte Pistazienkerne
- 175 g Mascarpone (ital. Frischkäse)
- 175 g Magerquark
- Mark von ½ Vanilleschote
- 100 g Lemon Curd (aus dem Glas)
- 175 g Blaubeeren (Heidelbeeren)

Zubereitungszeit:
55 Minuten, ohne Abkühlzeit

Trockenzeit:
etwa 90 Minuten

4 Portionen

Pro Portion: E: 15 g, F: 29 g, Kh: 50 g, kJ: 2152, kcal: 514, BE: 4,0

1. Mohn in einer Pfanne ohne Fett unter Rühren rösten und abkühlen lassen. Eiweiß mit 1 Prise Salz mit dem Mixer (Rührstäbe) steif schlagen. 50 g Zucker nach und nach einrieseln lassen. Essig hinzufügen und so lange weiterschlagen, bis sich der Zucker gelöst hat und die Eischneemasse schön glänzt. Puderzucker mit Speisestärke mischen, auf den Eischnee sieben und gleichmäßig unterheben. Mohn und zwei Drittel der Pistazienkerne ebenfalls gleichmäßig unterheben.

2. Den Backofen vorheizen.

Ober-/Unterhitze: etwa 100 °C
Heißluft: etwa 80 °C

3. Ein Backblech mit Backpapier belegen. Die Eiweißmasse in 4 Portionen teilen, jeweils mit einem Esslöffel auf das Backpapier geben und insgesamt 4 runde Pavlovas formen. In die Mitte jeweils eine kleine Mulde drücken.

4. Das Backblech in den vorgeheizten Backofen (unteres Drittel) schieben. Die Pavlovas bei leicht geöffneter Backofentür etwa 90 Minuten trocknen lassen. Die Pavlovas sollten außen angetrocknet und im Inneren noch weich sein. Die Pavlovas mit dem Backpapier vom Backblech auf einen Kuchenrost ziehen und erkalten lassen.

5. In der Zwischenzeit Mascarpone mit Quark, Vanillemark und Lemon Curd glatt rühren und in den Kühlschrank stellen.

6. Blaubeeren verlesen, kurz abspülen und trocken tupfen.

7. Zum Servieren die Mascarpone-Quark-Creme auf den Pavlovas verteilen und die Blaubeeren daraufgeben. Mit den restlichen Pistazienkernen bestreuen und sofort servieren.

Fast unbegrenzte Möglichkeiten

Mais – Gesund und knackig

Die ursprünglich aus Mexiko stammende Pflanze ist nicht nur im Land der unbegrenzten Möglichkeiten eine sehr flexibel kombinierbare Grundlage vieler Mahlzeiten. Wichtigstes Anbauland sind heute die USA. Mais ist sehr gehaltvoll und in vielen Lebensmitteln enthalten – nicht nur in Polenta und Popcorn. Tortillas werden in den USA meist aus Weizenmehl hergestellt. In Mexiko ist Maismehl die Basis der vielseitig einsetzbaren Fladenbrote, die unter anderem ein wichtiger Bestandteil der – auch in Europa geschätzten – Enchiladas, Burritos, Tacos oder Fajitas sind. Nachos heißen die aus Maismehl produzierten, meist dreieckigen Tortilla-Chips, die oft mit Käse, Jalapeños oder Guacamole kombiniert werden. Vor allem in den durch indianische Esskulturen geprägten Regionen Lateinamerikas wie Mexiko oder Peru sind aus Maisteig gebackene Tamales sehr beliebt, die gefüllt und eingehüllt in Pflanzenblätter gedämpft werden. Neben fleischhaltigen Varianten gibt es auch vegetarische Rezepte mit würzigem Gemüse und süße Tamales mit getrockneten Früchten, süßen Bohnen und Nüssen. In der von scharfen Gewürzen und Bohnen geprägten Tex-Mex-Küche sind Maisprodukte unverzichtbar. Bekanntestes Gericht des aus mexikanischen und texanischen Elementen bestehenden Kochstils ist seit vielen Jahren, vor allem in Europa, das Chili con Carne, das inzwischen als Chili sin Carne auch ohne Fleisch zum beliebten vegetarischen Eintopf mit Gemüse und Sojaprodukten wurde.

Chili – Manche mögen's heiß

Inzwischen wird dieses Gewürz auf allen Kontinenten verwendet – entdeckt wurde die ursprünglich aus Lateinamerika stammende Pflanze von Christoph Kolumbus. Es gibt zahlreiche Varianten – von den grünen mexikanischen Jalapeños über den roten Cayennepfeffer aus Französisch-Guayana bis zum gelben Aji Amarillo aus Peru. Der Stoff Capsaicin verursacht vor allem die Schärfe beim Verzehr von Chilis. Gemessen wird dies mit der Scoville-Skala. Der Scoville-Grad geht bei der normalen Gemüsepaprika bis 10, bei Peperoni bis 500, bei Jalapeño-Chilis bis 5.000 und bei den Habaneros als einer der schärfsten Chilisorten bis zu 500.000. Einigermaßen neutralisieren lässt sich der Flächenbrand in Mund und Rachen auf keinen Fall mit Wasser, sondern mit Milchprodukten.

4

Am 4. Juli feiern die US-Amerikaner den „Independence Day". Die Farben der amerikanischen Flagge spielen eine besondere Rolle am Unabhängigkeitstag – als patriotisches Symbol werden oft rote, weiße und blaue Lebensmittel bzw. Gerichte serviert.

Basisvorrat

Mais, Süßkartoffeln, Reis, Maniok, Avocado, Kidneybohnen, Paprika, Kürbis, Kochbananen, Limetten, Schokolade, Taco-Chips, Zitronen, Chili, Cayennepfeffer, Zimtstangen.

Lemonade – Am besten im Krug

Was wäre Amerika ohne Softdrinks? Sie müssen aber nicht unbedingt koffeinhaltig und stark zuckerhaltig sein. Es gibt in den unterschiedlichen klimatischen Regionen USA viele Varianten selbstgemachter Limonaden. Mit stillem Wasser und frischgepressten Säften werden sie traditionell in Krügen serviert und sind so eine kühle Erfrischung an heißen Tagen – auch in Australien und Neuseeland. Es müssen nicht immer Zitronen oder Limonen sein – mit Cranberries, roter Grapefruit oder Grenadine sind auch pinke Varianten ganz einfach zuzubereiten.

„Das Leben ist wie eine Pralinenschachtel. Man weiß nie, was man bekommt."

Dieser Spruch aus dem amerikanischen Film "Forrest Gump" wurde legendär und heißt im Original: „Life is like a box of chocolates – you never know what you're gonna get."

Asien
(Südostasien, China, Korea, Japan)

Es gibt große Unterschiede der verschiedenen regionalen Küchen von China, Japan, Thailand, Vietnam oder Indonesien mit ihren landestypischen speziellen Zutaten. Die aus Sojabohnen hergestellte Miso-Paste ist wie der auch Wassermeerrettich genannte Wasabi ein wichtiges japanisches Gewürz, Sambal Oelek eine scharfe indonesische Würzpaste und Kimchi sind eingelegte koreanische Chinakohlblätter.

Vegetarische Mahlzeiten sind fester Bestandteil der asiatischen Esskultur – von den chinesischen Dim Sums über vegetarisches Sushi bis zu Gado Gado, einem indonesischen Salat aus unterschiedlichen Gemüsen, der kalt mit Erdnusssauce serviert wird.

Gurken-Mango-Salat
mit Erdnüssen

Zutaten

Für die Sauce:

½	rote Chilischote
2	Knoblauchzehen
6 EL	Limettensaft
3 EL	brauner Zucker
1 EL	Ketjap Manis (indonesische Sojasauce)
2 EL	Fischsauce
1–2	Mangos (etwa 500 g, möglichst festes Fruchtfleisch)
450 g	Salatgurke
2	Sternfrüchte (Karambole)
75 g	geröstete, gesalzene Erdnusskerne
8 Stängel	Koriander

Zubereitungszeit:
30 Minuten

4 Portionen
Pro Portion: E: 7 g, F: 11 g, Kh: 30 g, kJ: 1036, kcal: 248, BE: 2,5

1. Für die Sauce Chilischotenhälfte evtl. entstielen und nach Belieben entkernen. Schotenhälfte abspülen, trocken tupfen und in feine Ringe schneiden. Knoblauch abziehen und fein würfeln. Den Limettensaft mit Zucker, Ketjap Manis und Fischsauce verrühren, Chiliringe und Knoblauchwürfel unterrühren.

2. Die Mangos halbieren. Das Fruchtfleisch jeweils vom Stein schneiden und schälen. Gurke schälen und die Enden abschneiden. Gurke längs halbieren und die Kerne mit einem Löffel herausschaben. Sternfrüchte abspülen und trocken tupfen. Gurke, Mango und Sternfrüchte in feine Streifen schneiden.

3. Die Erdnusskerne grob hacken. Koriander abspülen, trocken tupfen und die Blättchen von den Stängeln zupfen. Die Blättchen grob zerschneiden.

4. Die Gurken-, Mango- und Sternfruchtstreifen zur Sauce geben und untermischen. Den Salat mit den Erdnusskernen und dem Koriander bestreut servieren.

Tipp: Wenn Sie keine Sternfrüchte bekommen, können Sie stattdessen auch 1–2 Äpfel (z. B. Granny Smith) verwenden.

Onigiri
mit Umeboshi-Paste und Tofu

Zutaten:

300 g	Sushireis
450 ml	Wasser
1 gestr. TL	Salz
4 EL	Reisessig
1 gestr. TL	Zucker
½ gestr. TL	Salz
50 g	Tofu
2 EL	Speiseöl, z. B. Maiskeimöl
1 TL	Sojasauce
1 EL	Mirin (japanischer Reiswein, der nur als Speisewürze verwendet wird)
1 EL	Sake (japanischer Reiswein)
1 EL	ungeschälter Sesamsamen
1 TL	schwarzer Sesamsamen
5 EL	Umeboshi-Paste (oder gehackte Umeboshi-Früchte aus dem Glas – aus dem Asia-Laden)

Nach Belieben zum Garnieren:
1–2 Frühlingszwiebeln

Zubereitungszeit:
35 Minuten, ohne Abkühlzeit

Garzeit:
etwa 30 Minuten

20 Stück

Pro Stück: E: 2 g, F: 2 g, Kh: 13 g, kJ: 316, kcal: 75, BE: 1,0

1. Den Reis in ein Sieb geben und so lange unter fließendem kalten Wasser abspülen, bis das Wasser klar abläuft. Den Reis sehr gut abtropfen lassen.

2. Den Reis mit Wasser und Salz in einem Topf zum Kochen bringen. Den Reis zugedeckt bei schwacher Hitze etwa 20 Minuten kochen lassen. Dann den Topf von der Kochstelle nehmen und den Reis noch etwa 10 ausquellen lassen.

3. Reisessig erwärmen. Zucker und Salz darin unter Rühren auflösen. Den gewürzten Reisessig locker unter den heißen Reis mischen. Den Reis mit einem feuchten Geschirrtuch zudecken und fast ganz erkalten lassen.

4. In der Zwischenzeit Tofu in 10 etwa 1 ½ cm große Würfel schneiden. Speiseöl in einer Pfanne erhitzen. Die Tofuwürfel darin von allen Seiten bei starker Hitze goldbraun anbraten. Sojasauce, Mirin und Sake hinzugeben und ganz einkochen lassen. Tofuwürfel aus der Pfanne nehmen und auf einem Teller abkühlen lassen.

5. Beide Sorten Sesamsamen in einer Pfanne mischen und ohne Fett unter Wenden anrösten, herausnehmen und auf einen Teller geben. Sesam erkalten lassen.

6. Die Hälfte von dem Reis abnehmen und in 10 gleich große Portionen teilen. Eine Reisportion auf der angefeuchteten Handfläche zu einem flachen Kreis formen. Einen Teelöffel der Umeboshi-Paste auf die Reismitte setzen, dann mit angefeuchteten Händen zu einem Bällchen formen (dabei vorsichtig drücken, damit nichts rausquetscht). Auf die gleiche Weise 9 weitere Reisbällchen zubereiten.

7. Den restlichen Reis ebenfalls in 10 gleich große Portionen teilen. Nacheinander jede Portion auf der angefeuchteten Handfläche zu einem flachen Kreis formen. Jeweils einen Tofuwürfel in die Mitte setzen und mit angefeuchteten Händen zu Bällchen formen.

8. Nach Belieben zum Garnieren Frühlingszwiebeln putzen, abspülen, abtropfen lassen und das Frühlingszwiebelgrün abschneiden. Das Grün schräg in dünne Scheiben schneiden. Jedes Tofubällchen mit 4 Frühlingszwiebelscheiben in Form einer Blüte garnieren. Die Pflaumenbällchen mit dem Sesamsamen bestreuen.

Beilage: Dazu passen Sojasauce und japanische Mixed-Pickles.

Frühjahrs-Kimchi

Zutaten:

125 g	Möhren
200 g	Rettich
200 g	Chinakohl
75 g	Frühlingszwiebeln
1	rote Peperoni (etwa 15 g)
1	Knoblauchzehe
15 g	frischer Ingwer
1 gestr. TL	Salz
2 EL	Paprikapulver rosenscharf oder edelsüß nach Geschmack

Zubereitungszeit:
20 Minuten, ohne Durchziehzeit

4 Portionen
Pro Portion: E: 2 g, F: 1 g, Kh: 7 g, kJ: 187, kcal: 45, BE: 0,5

1. Möhren und Rettich putzen, schälen, abspülen und abtropfen lassen. Chinakohl putzen. Den Kohl vierteln und den Strunk herausschneiden. Kohl abspülen, abtropfen lassen und in feine, kurze Streifen schneiden. Die Frühlingszwiebeln putzen, abspülen und abtropfen lassen, das dunkle Grün abschneiden. Möhren, Rettich, Chinakohl und Frühlingszwiebeln (nur das Weiße) in etwa 1 cm breite Stücke schneiden.

2. Peperoni halbieren, entstielen, entkernen, abspülen und abtropfen lassen. Die Peperoni in dünne Streifen schneiden. Den Knoblauch abziehen. Ingwer schälen. Knoblauch und Ingwer in grobe Stücke hacken.

3. Die Gemüsestücke mit Peperoni, Knoblauch und Ingwer in einer Küchenmaschine mit dem Schneidmesser in kleine Stücke hacken. Anschließend mit dem Salz und Paprika in einer Schüssel (am besten Porzellan oder Steingut) mischen, zugedeckt 2–3 Tage im Gemüsefach des Kühlschrankes durchziehen lassen.

Tipp: Das eingelegte Gemüse z. B. zu Tofugerichten servieren.

Sushi mit Omelett
und Soja-Auberginen

Zutaten:

- 300 g Sushireis
- 450 ml Wasser
- 1 gestr. TL Salz
- 4 EL Reisessig
- 1 TL Zucker
- ½ gestr. TL Salz

- 4 Eier (Größe M)
- 2 EL Speiseöl, z. B. Maiskeimöl
- 1 Aubergine (etwa 225 g)
- 5 EL Speiseöl, z. B. Maiskeimöl
- 120 ml Sojasauce
- 4 EL Wasser
- 4 EL Mirin (japanischer Reiswein)
- 3 TL Buchweizenkörner
- 3 Blätter getrocknete Nori-Algen (etwa 20 x 20 cm, erhältlich im Asialaden oder in Spezialitätenabteilungen von Supermärkten)
- 3–4 Stängel Schnittlauch
- 4 TL Wasabipaste
- 100 g abgetropfter, eingelegter Ingwer (aus dem Glas)

Zubereitungszeit:
60 Minuten, ohne Abkühlzeit

Garzeit:
etwa 30 Minuten

24 Stück

Pro Stück: E: 3 g, F: 4 g, Kh: 14 g, kJ: 445, kcal: 106, BE: 1,0

1. Reis in ein Sieb geben, so lange unter fließendem kalten Wasser abspülen, bis das Wasser klar abläuft. Reis in einem Sieb sehr gut abtropfen lassen. Reis mit Wasser und Salz zum Kochen bringen, zugedeckt bei schwacher Hitze 20 Minuten kochen lassen. Topf von der Kochstelle nehmen. Reis 10 Minuten ausquellen lassen. Reisessig erwärmen. Zucker und Salz darin unter Rühren auflösen. Reisessig locker unter den heißen Reis mischen, mit einem feuchten Geschirrtuch zudecken, fast ganz erkalten lassen.

2. Eier verschlagen. Einen Esslöffel Öl in einer beschichteten Pfanne (Ø 18 cm) erhitzen. Die Hälfte der Eiermasse hineingeben, bei schwacher Hitze stocken lassen (die Oberseite sollte leicht gestockt und trocken, die Unterseite leicht bräunlich sein). Ein weiteres Omelett auf die gleiche Weise zubereiten.

3. Aubergine abspülen, abtrocknen, Stängelansatz entfernen. Aubergine zuerst längs in 2 cm dicke Scheiben, dann in 6 etwa 20 cm lange und 2 cm breite Streifen schneiden. Restliches Öl in einer Pfanne erhitzen. Auberginen darin bei mittlerer Hitze 5 Minuten braten. 2 Esslöffel Sojasauce mit Wasser und Mirin verrühren, zu den Auberginen geben, ganz einkochen lassen, dabei einmal wenden.

4. Buchweizen in einer Pfanne ohne Fett goldbraun rösten, auf einen Teller geben. Die Omeletts einmal halbieren.

5. Ein Nori-Algenblatt auf eine Sushimatte legen. Ein Drittel der Reismasse ½ cm dick darauf verteilen, sodass rundherum ein 1 cm breiter Rand frei bleibt. Dabei die Hände immer wieder mit Wasser befeuchten, damit der Reis nicht so klebt.

6. Eine Omeletthälfte so auf den Reis legen, dass oben und unten etwa 1 cm Reis unbelegt bleibt. Auf das untere Drittel 2 Auberginenstreifen legen, mit ⅓ des Buchweizens bestreuen. Das Ganze mithilfe der Sushimatte zu einer festen Rolle aufrollen. 2 weitere Sushirollen auf die gleiche Weise zubereiten.

7. Jede Rolle mit einem in kaltes Wasser getauchten, scharfen Messer in 8 Stücke schneiden. Schnittlauch abspülen, trocken tupfen, in 2½ cm lange, schräge Stücke schneiden. Auf jedes Sushi ein Schnittlauchstück legen. Sushi mit restlicher Sojasauce, Wasabipaste, eingelegtem Ingwer und restlichem Omelett servieren.

Vietnamesisches Sandwich
mit Tofu und Sesam-Mayo

Zutaten:

- 400 g Tofu, natur
- 2 EL Sambal Oelek
- 1 EL Asia-Fischsauce
- 5 EL Sojasauce
- 2 EL Sesamsamen, geschält
- 150 g Weißkohl
- 125 g dicke Möhren
- Salz
- 1 kleine rote Zwiebel
- ½ Bund Koriander

Für die Sesam-Mayonnaise:

- 100 g Delikatessen-Mayonnaise
- 1 EL dunkles Sesamöl
- 1 EL fein abger. Schale von 1 Bio-Limette (unbehandelt, ungewachst)
- 1 EL brauner Zucker

- 500 g Stangenbaguette
- 3 EL Olivenöl

Zubereitungszeit:
45 Minuten, ohne Durchziehzeit

4 Portionen
Pro Portion: E: 33 g, F: 42 g, Kh: 85 g, kJ: 3615, kcal: 864, BE: 7,0

1. Tofu zerbröseln und in eine Schüssel geben. Sambal Oelek, Fischsauce und 4 Esslöffel von der Sojasauce hinzugeben, gut vermischen und etwa 30 Minuten durchziehen lassen.

2. Sesam in einer Pfanne ohne Fett unter Rühren rösten und auf einem Teller erkalten lassen.

3. Den Backofen vorheizen.
Ober-/Unterhitze: etwa 200 °C
Heißluft: etwa 180 °C

4. Weißkohl evtl. putzen und den Strunk herausschneiden. Weißkohl abspülen und abtropfen lassen. Möhren putzen, schälen, abspülen, abtropfen lassen. Weißkohl und Möhren in sehr dünne Streifen schneiden und mit Salz würzen.

5. Zwiebel abziehen, zuerst in feine Scheiben schneiden, dann in Ringe teilen. Koriander abspülen, trocken tupfen und die Blättchen von den Stängeln zupfen, Blättchen grob zerschneiden.

6. Für die Sesam-Mayonnaise Mayonnaise mit Sesamöl, Limettenschale, braunem Zucker und restlicher Sojasauce verrühren.

7. Das Baguette in 4 gleich große Stücke schneiden und auf dem Rost in den vorgeheizten Backofen schieben. Die Baguettestücke **in etwa 6 Minuten aufbacken**.

8. In der Zwischenzeit Olivenöl in einer großen Pfanne erhitzen. Die Tofubrösel darin rundherum kurz goldbraun anbraten und herausnehmen. Tofubrösel abkühlen lassen.

9. Die aufgebackenen Baguettestücke aus dem Backofen nehmen.

10. Die Baguettestücke längs einschneiden, aber nicht durchschneiden. Mit den Kohl- und Möhrenstreifen, Zwiebelringen, Koriandergrün und Tofubröseln füllen. Den gerösteten Sesam unter die zubereitete Mayonnaise rühren.

11. Vietnamesisches Sandwich mit Tofu auf Tellern anrichten und die Sesam-Mayonnaise dazureichen.

Gado Gado
(Gemüse mit Erdnuss-Sauce)

Zutaten:

- 500 g Blumenkohl
- 200 g grüne Bohnen
- 150 g Zuckerschoten
- 250 g dicke Möhren
- Salz

Für die Erdnuss-Sauce:

- 80 g Erdnussbutter
- 100 ml ungesüßte Kokosmilch
- 1 TL rote Currypaste
- 1 EL Sojasauce
- 2 EL Limettensaft

- 4 hart gekochte Eier
- 150 g Cocktailtomaten

Zubereitungszeit:
30 Minuten

4 Portionen

Pro Portion: E: 18 g, F: 20 g, Kh: 16 g, kJ: 1325, kcal: 317, BE: 1,5

1. Vom Blumenkohl die Blätter entfernen und den Strunk abschneiden. Den Blumenkohl in Röschen teilen, abspülen und abtropfen lassen. Von den Bohnen und Zuckerschoten die Enden leicht schräg abschneiden und evtl. abfädeln. Die Bohnen und Zuckerschoten abspülen und abtropfen lassen.

2. Die Möhren putzen, schälen, abspülen und abtropfen lassen. Nach Belieben in die Möhren der Länge nach mit einem kleinen Messer 3 Keile hineinschneiden. Die Möhren leicht schräg in etwa 1 cm dicke Scheiben schneiden.

3. Wasser in einem Topf zum Kochen bringen, Salz hinzugeben. Das Gemüse darin nacheinander bissfest garen (die Blumenkohlröschen etwa 3 Minuten, die Zuckerschoten etwa 1 Minute, die Möhrenscheiben etwa 2 Minuten und die Bohnen etwa 5 Minuten). Das gegarte Gemüse jeweils mit einer Schaumkelle aus dem Topf nehmen, mit eiskaltem Wasser abschrecken und in einem Sieb gut abtropfen lassen.

4. Für die Erdnusssauce die Erdnussbutter mit Kokosmilch, roter Currypaste, Sojasauce und Limettensaft verrühren, mit Salz würzen.

5. Die Eier pellen und in Viertel schneiden. Tomaten abspülen, abtrocknen, vierteln und die Stängelansätze herausschneiden. Das Gemüse mit den Eiern, Tomatenspalten und der Sauce anrichten.

Somen-Gemüsesuppe
mit Omelettrollenstreifen

Zutaten

Zum Vorbereiten:

20 g	frischer Ingwer
3 EL	Sojasauce (mögl. Shoyu)
2 l	Gemüsebrühe
20 g	getrocknete Kombu-Algen
4	getrocknete Shiitakepilze
4	Eier (Größe L)
2 EL	Mirin (süßer Reiswein)
1 EL	Reisessig
2 EL	Speiseöl
4	kleine Pak Choi (je etwa 50 g)
75 g	Frühlingszwiebeln
400 g	Seidentofu
325 g	Somen-Nudeln
	Salz
2 EL	Sesamsamen, geröstet

Zubereitungszeit:
45 Minuten, ohne Einweichzeit

4 Portionen

Pro Portion: E: 26 g, F: 17 g, Kh: 68 g, kJ: 2243, kcal: 536, BE: 5,5

1. Zum Vorbereiten Ingwer abspülen, trocken tupfen und mit der Schale in dünne Scheiben schneiden. Ingwerscheiben mit 2 Esslöffeln Sojasauce und Gemüsebrühe in einem Topf zum Kochen bringen und anschließend erkalten lassen.

2. Kombu-Algen in kleine Stücke brechen, mit den Shiitakepilzen in die erkaltete Gemüsebrühe geben und über Nacht darin einweichen.

3. Am nächsten Tag die Brühe langsam erhitzen (sie darf aber nicht kochen). Dann die Brühe erneut abkühlen lassen. Anschließend durch ein feines Sieb gießen und die Brühe dabei auffangen.

4. Die Eier mit restlicher Sojasauce, Mirin und Reisessig verschlagen. Speiseöl in einer großen Pfanne bei mittlerer Hitze erhitzen. Die verschlagenen Eier hineingeben und die Pfanne mit einem Deckel verschließen. Die Eier etwa 10 Minuten stocken lassen, bis die Eiermasse an der Oberfläche fest ist. Dann vorsichtig auf einen Teller stürzen, aufrollen und beiseitelegen.

5. Pak Choi putzen, in einzelne Blätter teilen, abspülen und trocken tupfen. Frühlingszwiebeln putzen, abspülen, abtropfen lassen und in sehr dünne Scheiben schneiden. Tofu vorsichtig in kleine Stücke teilen. Die beiseitegelegte Eierrolle in dünne Scheiben schneiden.

6. Die Somen-Nudeln in kochendem Salzwasser nach Packungsanleitung garen und in einem Sieb abtropfen lassen. Gleichzeitig die aufgefangene Gemüsebrühe zum Kochen bringen. Pak-Choi-Blätter hineingeben und in etwa 2 Minuten bissfest garen. Frühlingszwiebelscheiben und Tofu mit den Nudeln in die Suppe geben. Die Suppe evtl. nochmals kurz erhitzen und mit etwas Salz abschmecken. Die Eierrollenscheiben hineinlegen.

7. Die Somen-Gemüsesuppe anrichten und mit Sesam bestreut servieren.

Dim Sum
mit Chinakohl-Pflaumen-Füllung

Zutaten:

- 250 g Weizenmehl
- 2 TL Dr. Oetker Trockenbackhefe
- 25 g Zucker
- Salz
- 175 ml lauwarmes Wasser

Für die Pflaumenpaste:

- 1 Knoblauchzehe
- 10 g frischer Ingwer
- 35 g getrocknete Soft-Pflaumen
- 25 g Zwiebelwürfel
- 1 EL Fünf-Gewürze-Pulver
- 1 TL Paprikapulver rosenscharf
- 25 g Zucker
- 2 EL Sojasauce

- 300 g Chinakohl
- 3 EL Speiseöl

- 1 gestr. TL Dr. Oetker Backin

- 2 EL Schnittlauchröllchen
- 6 EL süße Sojasauce

Zubereitungszeit:
45 Minuten, ohne Teiggeh- und Abkühlzeit

Dämpfzeit:
etwa 15 Minuten in einem Bambusdämpfer, Ø ca. 26 cm

12 Stück

Pro Stück: E: 4 g, F: 3 g, Kh: 25 g, kJ: 585, kcal: 140, BE: 2,0

1. Für den Teig Mehl in einer Rührschüssel mit der Trockenbackhefe sorgfältig vermischen. Zucker, Salz und Wasser hinzufügen. Die Zutaten mit einem Mixer (Knethaken) zunächst kurz auf niedrigster, dann auf höchster Stufe in etwa 5 Minuten zu einem glatten Teig verarbeiten. Den Teig zugedeckt so lange an einem warmen Ort gehen lassen, bis er sich sichtbar verdoppelt hat (etwa 90 Minuten).

2. In der Zwischenzeit für die Pflaumenpaste Knoblauch abziehen und Ingwer schälen. Knoblauch, Ingwer und Soft-Pflaumen klein würfeln und mit den Zwiebelwürfeln in einen hohen Rührbecher geben. Mit Fünf-Gewürze-Pulver, Paprika, Zucker und Sojasauce würzen. Die Zutaten fein pürieren.

3. Chinakohl putzen. Den Kohl vierteln, Strunk herausschneiden. Kohl abspülen, abtropfen lassen, in feine, kurze Streifen schneiden. Öl in einer Pfanne erhitzen. Kohlstreifen darin bei starker Hitze unter Wenden 3 Minuten anbraten, Pflaumenpaste untermischen. Kohl aus der Pfanne nehmen, abkühlen lassen.

4. Aus Backpapier 12 quadratische Stücke (etwa 6 x 6 cm) schneiden. Den gegangenen Teig aus der Schüssel nehmen und auf eine leicht bemehlte Arbeitsfläche legen. Den Teig mit dem Backpulver besieben und einmal kräftig durchkneten.

5. Den Teig zu einer Rolle formen und in 12 gleich große Stücke schneiden. Jedes Teigstück auf der leicht bemehlten Arbeitsfläche zu einer runden Platte (Ø etwa 8 cm) ausrollen.

6. Die Kohlmischung in der Mitte der Teigplatten verteilen. Jeweils die Teigränder so über der Füllung zusammennehmen und andrücken, dass die Füllung von dem Teig vollständig umschlossen ist und Klößchen entstehen.

7. Jeweils 6 Klößchen mit der Naht nach unten und mit etwas Abstand auf die Backpapierstücke in 2 Dämpfeinsätze legen. Die Klößchen zugedeckt nochmals etwa 30 Minuten gehen lassen.

8. In 2 großen, zu den Bambusdämpfern passenden, Töpfen oder Pfannen mit hohem Rand etwa 4 cm hoch Wasser zum Kochen bringen. Dämpfeinsätze hineinstellen, mit je einem Deckel verschließen. Klößchen über dem Wasserdampf etwa 15 Minuten dämpfen.

9. Dim-Sum-Klößchen aus den Dämpfern nehmen und das Backpapier entfernen. Dim Sum mit Schnittlauchröllchen bestreuen und mit süßer Sojasauce servieren.

Pfannengerührtes Gemüse
mit Cashewkernen

Zutaten:

200 g	Hokkaido-Kürbis
225 g	Aubergine
175 g	Frühlingszwiebeln
175 g	Pak-Choi-Stauden (Chinesischer Senfkohl)
4	Knoblauchzehen
5 EL	Sonnenblumenöl
40 g	geröstete, gesalzene Cashewkerne
6 Stängel	Koriander
4	Minzeblätter
4	große Basilikumblätter
150 ml	Gemüsebrühe
5 EL	Sojasauce

Zubereitungszeit:
35 Minuten

4 Portionen
Pro Portion: E: 5 g, F: 18 g, Kh: 11 g, kJ: 934, kcal: 223, BE: 0,5

1. Kürbis abspülen, abtrocknen und halbieren. Kerne mit einem Löffel herausschaben. Kürbis evtl. schälen und in etwa 3 mm breite Scheiben schneiden.

2. Die Aubergine abspülen, abtropfen lassen und den Stängelansatz entfernen. Aubergine längs halbieren und in etwa 2 cm breite Streifen schneiden.

3. Frühlingszwiebeln putzen, abspülen und abtropfen lassen. Frühlingszwiebeln längs halbieren und in etwa 6 cm lange Stücke schneiden. Pak Choi putzen und in einzelne Blätter teilen. Die Blätter abspülen und abtropfen lassen.

4. Knoblauch abziehen und in sehr dünne Scheiben schneiden. 2 Esslöffel vom Sonnenblumenöl in einer kleinen Pfanne erhitzen. Die Knoblauchscheiben darin goldgelb rösten. Pfanne beiseitestellen.

5. Cashewkerne grob hacken. Koriander abspülen und trocken tupfen. Die Blättchen von den Stängeln zupfen. Minze- und Basilikumblätter ebenfalls abspülen und trocken tupfen. Die Kräuterblätter grob zerschneiden.

6. Restliches Sonnenblumenöl in einem Wok oder großen Pfanne erhitzen. Die Kürbisscheiben, Auberginenstreifen und Frühlingszwiebelstücke darin evtl. in 2 Portionen bei starker Hitze unter Rühren kräftig anbraten.

7. Etwa ein Drittel der Brühe hinzugießen und ganz einkochen lassen. Diesen Vorgang noch zweimal wiederholen, bis das Gemüse knackig bissfest gegart ist. Dabei gelegentlich umrühren. Die Sojasauce unterrühren.

8. Zuletzt die Pak-Choi-Blätter unterheben und kurz zusammenfallen lassen.

9. Beiseitegestellte Knoblauchscheiben mit dem Öl unter das Gemüse rühren. Das Gemüse mit Cashewkernen und Kräutern bestreut servieren.

Beilage: Klebreis.

Tipp: Kurkuma schmeckt brennend würzig und leicht bitter. Oft wird gemahlene Kurkuma zur Herstellung von Gewürzmischungen wie z. B. Currypulvern verwendet. Wegen der stark gelb färbenden Eigenschaften wird das Gewürz auch Gelbwurz genannt.

Gemüse-Tempura
mit Ingwer-Dip

Zutaten:

- 100 g Chinakohlblätter
- 250 g Hokkaido-Kürbis
- Salz
- 175 g Zucchini
- 2 grüne Paprikaschoten

Für den Dip:

- 20 g frischer Ingwer
- 2 Stängel Koriander
- 1–2 EL Sojasauce
- 1 EL dunkles Sesamöl

Für den Tempura-Teig:

- 200 g Weizenmehl
- 50 g Speisestärke
- 425 ml eiskaltes Mineralwasser mit Kohlensäure
- 2 EL Sesamsamen
- 1 EL Chiliflocken

- etwa 1 l Speiseöl, z. B. Sonnenblumenöl

Zubereitungszeit:
45 Minuten

4 Portionen

Pro Portion: E: 10 g, F: 28 g, Kh: 40 g, kJ: 1872, kcal: 447, BE: 3,0

1. Chinakohlblätter abspülen, trocken tupfen und in etwa 6 x 4 cm große Stücke schneiden. Kürbis abspülen, abtrocknen und halbieren. Kerne mit einem Löffel herausschaben. Kürbis in feine, etwa 1 cm breite Spalten schneiden, evtl. schälen. Die Spalten mit Salz einreiben.

2. Zucchini abspülen, abtrocknen und die Enden abschneiden. Die Zucchini längs halbieren und in rechteckige Stücke schneiden (etwa 1 x 5 cm). Die Paprikaschoten halbieren, entstielen, entkernen und die weißen Scheidewände entfernen. Schoten abspülen, abtropfen lassen und der Länge nach sechsteln.

3. Für den Dip Ingwer schälen und sehr fein würfeln. Koriander abspülen, trocken tupfen und die Blättchen von den Stängeln zupfen. Die Blättchen fein schneiden. Ingwer mit Sojasauce und Sesamöl mischen. Den Koriander unterrühren.

4. Für den Tempura-Teig Mehl mit Speisestärke und Mineralwasser in einer Rührschüssel mit einem Schneebesen kräftig verrühren. Die Sesamsamen und Chiliflocken unterrühren.

5. Das Speiseöl in einem tiefen Topf oder in einer Fritteuse auf etwa 175 °C erhitzen. Für die richtige Frittiertemperatur des Öls einen Holzlöffelstiel in das Fett halten. Bilden sich Bläschen um den Holzlöffelstiel, ist die richtige Temperatur erreicht.

6. Gemüsestücke mithilfe einer Gabel durch den Tempura-Teig ziehen, am Schüsselrand abstreifen und portionsweise schwimmend in dem heißen Öl etwa 3 Minuten ausbacken. Die Gemüsestücke dann mit einer Schaumkelle herausnehmen und kurz auf Küchenpapier abtropfen lassen. Die Gemüse-Tempura noch heiß mit dem Dip servieren.

Kalte Sobanudeln
mit Brokkoli und Zuckerschoten und Rettich-Wasabi-Sauce

Zutaten:

250 g	Soba-Nudeln
2 Teebeutel	Grüner Tee
	Salzwasser
175 g	Zuckerschoten
400 g	Brokkoli

Für die Vinaigrette:

40 g	frischer Ingwer
100 g	Rettich
30 g	Frühlingszwiebeln
2 EL	Wasabi (nach Belieben auch mehr)
6 EL	Sojasauce
10 EL	Mirin (süßer Reiswein)
8 EL	Reisessig
2 EL	geröstetes Sesamöl

200 g	Shiitakepilze
4 EL	Maiskeimöl
	Salz
8 Stängel	Koriander

Zubereitungszeit:
45 Minuten

4 Portionen
Pro Portion: E: 17 g, F: 17 g, Kh: 72 g, kJ: 2252, kcal: 538, BE: 6,0

1. Soba-Nudeln mit den Teebeuteln in kochendem Salzwasser nach Packungsanleitung bissfest garen.

2. In der Zwischenzeit von den Zuckerschoten die Enden abschneiden, evtl. abfädeln, abspülen und abtropfen lassen. Brokkoli putzen, abspülen, abtropfen lassen und in kleine Röschen teilen. Zuckerschoten und Brokkoliröschen in kochendem Salzwasser in etwa 3 Minuten bissfest garen. Anschließend mit kaltem Wasser abschrecken und in einem Sieb abtropfen lassen.

3. Die gegarten Nudeln in ein Sieb geben, mit kaltem Wasser abspülen und abtropfen lassen. Die Teebeutel entfernen.

4. Für die Vinaigrette den Ingwer und Rettich schälen und beides sehr fein würfeln. Frühlingszwiebeln putzen, abspülen, abtropfen lassen und in sehr dünne Scheiben schneiden. Ingwer-, Rettichwürfel und Frühlingszwiebelscheiben mit Wasabi, Sojasauce, Mirin und Reisessig verrühren, Sesamöl unterschlagen.

5. Von den Shiitakepilzen die Stiele abschneiden. Pilzköpfe abspülen, trocken tupfen und in sehr dünne Scheiben schneiden. Maiskeimöl in einer Pfanne erhitzen. Die Pilzscheiben darin bei starker Hitze unter Rühren etwa 5 Minuten braten, dann mit Salz würzen.

6. Koriander abspülen und trocken tupfen. Die Blättchen von den Stängeln zupfen, Blättchen grob zerschneiden.

7. Die Nudeln, Brokkoliröschen und Zuckerschoten anrichten und gleichmäßig mit der Vinaigrette beträufeln. Shiitakepilze und Koriander darauf verteilen und servieren.

Scharfer, gebratener Tofu
mit Möhren-Rettich-Relish

Zutaten:

225 g	Möhren
1 gestr. TL	Salz
300 g	Rettich
25 g	frischer Ingwer
2 EL	Reisessig
2 EL	Zucker

Für die Sauce:

½–1	rote Chilischote
2	Knoblauchzehen
2 EL	Reisessig
1 EL	gem. Kurkuma (Gelbwurz)
4 EL	Pilzsauce
2 EL	Sojasauce
450 g	Tofu
6 EL	Speiseöl, z. B. Maiskeimöl

Zubereitungszeit:
45 Minuten, ohne Durchziehzeit

4 Portionen

Pro Portion: E: 20 g, F: 22 g, Kh: 19 g, kJ: 1501, kcal: 358, BE: 1,5

1. Die Möhren putzen, schälen, abspülen, abtropfen lassen und grob raspeln. Die Möhrenraspel mit Salz mischen, zugedeckt etwa 2 Stunden stehen lassen.

2. Den Rettich putzen, schälen, abspülen, abtropfen lassen und ebenfalls grob raspeln. Den Ingwer schälen und fein reiben. Möhren- und Rettichraspel mit Reisessig, Zucker und Ingwer mischen. Relish evtl. nochmals mit Salz abschmecken.

3. Für die Sauce Chilischote entstielen, halbieren, abspülen, abtropfen lassen und mit den Kernen fein hacken. Knoblauch abziehen, fein hacken. Chili und Knoblauch mit Reisessig, Kurkuma, Pilz- und Sojasauce mischen.

4. Tofu zuerst in etwa 1 ½ cm dicke Scheiben, dann in 12 jeweils etwa 5 x 8 cm große Stücke schneiden. Jedes Stück auf einer Seite mehrmals der Länge nach quer mit einem Messer leicht einritzen.

5. Jeweils die Hälfte des Speiseöls am besten in zwei großen Pfannen erhitzen. Die Tofustücke bei mittlerer Hitze auf jeder Seite goldbraun braten. Dann die Sauce hinzugeben und etwa 1 Minute etwas dickflüssig einkochen lassen. Tofu mit dem Relish servieren.

Beilage: Duftreis.

Japanisches Donburi
mit Bohnen und süßem Rührei

Zutaten:

300 g	Jasminreis	
	Salzwasser	
6	Eier (Größe M)	
16 EL	Mirin (Reiswein)	
40 g	frischer Ingwer	
4 EL	Zucker	
200 ml	Gemüsebrühe	
6–8 EL	milde Sojasauce	
2 El	geröstetes Sesamöl	
600 g	grüne Bohnen	
	Salzwasser	
40 g	Frühlingszwiebeln	
⅛ Blatt	Nori-Alge	
1 EL	Speiseöl	
1 Beet	Daikonkresse	

Zubereitungszeit:
50 Minuten

4 Portionen

Pro Portion: E: 21 g, F: 16 g,
Kh: 105 g, kJ: 2911, kcal: 696,
BE: 8,5

1. Den Reis in kochendem Salzwasser nach Packungsanleitung garen. Die Eier mit 6 Esslöffeln Mirin verschlagen. Ingwer schälen und fein würfeln. Ingwerwürfel mit restlichem Mirin, Zucker, Brühe, Sojasauce und Sesamöl verrühren.

2. Von den Bohnen die Enden abschneiden, evtl. abfädeln. Bohnen abspülen, abtropfen lassen und in kochendem Salzwasser in etwa 5 Minuten leicht bissfest kochen. Anschließend die Bohnen in ein Sieb geben, mit kaltem Wasser abschrecken, gut abtropfen lassen.

3. Frühlingszwiebeln putzen, abspülen, abtropfen lassen und in feine Scheiben schneiden. Nori-Algenblatt mit der Schere in dünne, etwa 4 cm lange Streifen schneiden. Speiseöl in einer beschichteten Pfanne erhitzen. Die verschlagenen Eier hineingeben und bei mittlerer Hitze stocken lassen. Sobald die Masse zu stocken beginnt, sie mit einem Pfannenwender oder Holzspatel vom Pfannenboden lösen, dabei die Masse immer wieder vom Rand zur Mitte schieben, bis keine Flüssigkeit mehr vorhanden ist. Das Rührei in krümelige Stücke zerteilen.

4. Die gegarten Bohnen mit der Soja-Brühe-Mischung in einer Pfanne bei starker Hitze glasieren, bis die Sauce leicht dicklich eingekocht ist.

5. Daikonkresse abspülen, trocken tupfen und vom Beet schneiden. Die Bohnen mit dem Rührei auf dem Reis anrichten. Mit Frühlingszwiebelscheiben, Nori-Algenstreifen und Daikonkresse bestreuen.

Tipp: Donburi wird in Japan zum Frühstück gegessen.

Ananas
im Backteig

Zutaten:

- 1 Bio-Limette (unbehandelt, ungewachst)
- 175 g flüssiger Honig
- 500 g frisches Ananas-Fruchtfleisch

Für den Ausbackteig:

- 125 g Weizenmehl
- 40 g Speisestärke
- 1 gestr. TL Dr. Oetker Backin
- 1 Ei (Größe M)
- 1 EL Zucker
- 150 ml Sojamilch (natur)
- etwa 1 l Speiseöl, z. B. Sonnenblumenöl
- 2 EL Kokosraspel

Zubereitungszeit:
30 Minuten

4 Portionen

Pro Portion: E: 5 g, F: 22 g, Kh: 62 g, kJ: 1979, kcal: 473, BE: 5,0

1. Die Limette heiß abwaschen, abtrocknen und die Schale mit einem Zestenreißer abziehen. Limette halbieren, den Saft auspressen und 3 Esslöffel Saft abmessen. Limettenzesten und -saft mit dem Honig verrühren. Ananas in etwa 3 x 6 cm große Stücke schneiden.

2. Für den Ausbackteig Mehl mit Speisestärke und Backpulver in einer Rührschüssel mischen. Ei, Zucker und Sojamilch hinzugeben und alles zu einem glatten Teig verrühren.

3. Das Speiseöl in einem tiefen Topf oder in einer Fritteuse auf etwa 175 °C erhitzen. Für die richtige Frittiertemperatur des Öls einen Holzlöffelstiel in das Fett halten. Bilden sich Bläschen um den Holzlöffelstiel, ist die richtige Temperatur erreicht.

4. Ananasstücke mithilfe einer Gabel durch den Ausbackteig ziehen, am Schüsselrand abstreifen und portionsweise schwimmend in dem heißen Öl goldbraun ausbacken, dabei einmal wenden. Die Ananasstücke mit einer Schaumkelle herausnehmen und kurz auf Küchenpapier abtropfen lassen.

5. Ananas im Backteig mit dem Limettenhonig beträufeln und mit Kokosraspeln bestreut heiß servieren.

Hast Du schon gegessen?

Reis – Lang, mittel oder rund

Welche Bedeutung die Mahlzeiten in der chinesischen Alltagskultur haben, zeigt die unter Bekannten eher informelle Begrüßung „chi-fan-le-ma?" 吃饭了吗 – Hast Du schon gegessen? Auf jeden Fall soll man sich Zeit nehmen, entsprechend wünscht man sich einen guten Appetit mit dem Ausdruck mànmànchī 慢慢吃 – „Essen Sie langsam!". Und das geschieht meist mit Einwegstäbchen, von denen China über 40 Milliarden jährlich verbraucht. Die Wahrscheinlichkeit ist hoch, mit diesen Stäbchen Reis zu essen – das ist das vorherrschende Grundnahrungsmittel der asiatischen Küche und gehört in China zur milden kantonesischen Küche ebenso wie zu scharf gewürzten Gerichten aus der Provinz Szechuan. Unterschieden werden Lang-, Mittel- und Rundkornreis, manche Sorten sind klebrig, manche locker. Außerdem gibt es duftende Sorten wie Basmati- oder Jasminreis und den noch ungeschälten, von einem Silberhäutchen umgebenen Naturreis. Der besonders gesunde und nussig schmeckende Wildreis ist allerdings gar kein Reis, sondern der Samen einer nordamerikanischen Wassergraspflanze. Für Suppen verwendet man oft die schnellgarenden Reisnudeln, die aus Reismehl und Wasser bestehen oder die aus Mungobohnenstärke hergestellten fast durchsichtigen Glasnudeln.

Ingwer – Scharfe Wurzel

Schon der Philosoph Konfuzius erwähnte Ingwer in seinen Schriften. Über arabische Händler gelangte er nach Europa, die Spanier brachten ihn nach Lateinamerika. In Asien hat die Wurzel mit ihrem scharfen, zitronenartigen Aroma immer schon eine besondere Bedeutung gehabt. Getrunken wird Ingwer als Tee, Ginger Ale oder Bier und beim Kochen gibt er nicht nur Marinaden, Chutneys oder Curries einen charakteristischen Geschmack. Man bekommt Ingwer frisch, eingelegt, kandiert oder als Pulver. In der Küche entfaltet er vor allem frisch zubereitet die charakteristische Schärfe. Seine gesundheitsfördernde Wirkung macht Ingwer außerdem seit langem zum Heilmittel in der traditionellen chinesischen Medizin. Andere bekannte Gewürze der südostasiatischen Küche sind Galgant, Muskatnuss, Sternanis, Zitronengras, Wasabi und Koriander.

Basisvorrat
Reis, Nudeln, Reisnudeln, Bohnensprossen, Erdnüsse, Tofu, Frühlingszwiebeln, Kohl, Pak-Choi, Sprossen, Shiitake-Pilze, Ingwer, Wasabi, Soja-sauce, Kokosmilch, Miso-Paste, Koriander.

„Unser Leben liegt nicht im Schoße der Götter, sondern in dem unserer Köchin."

Erkenntnis des chinesischen Schriftstellers Lin Yutang.

Erst mal in Ruhe Tee trinken

Ob lose, in Beuteln portioniert, als Tee-Blüten oder zu Ziegeln gepresst, ob schwarz, grün oder weiß – Tee ist über kulturelle Grenzen hinweg ein globales Getränk, dessen Ursprünge im alten China liegen. Tee gilt als Zeichen der Gastfreundschaft. In einigen chinesischen Regionen wie in Kanton werden zum Tee kleine gedämpfte oder frittierte Häppchen gereicht, die „Dim Sum" heißen und die – so die Bedeutung des Namens – das Herz berühren sollen. Besondere chinesische und japanische Teezeremonien, bei denen nach einem festen Ritual Teepulver mit heißem Wasser aufgegossen und dann mit einem Bambusbesen schaumig geschlagen werden, unterstreichen seine hohe kulturelle Bedeutung.

200.000.000

„… und in China fällt ein Sack Reis um!" Mit dieser Redewendung kommt man im Reich der Mitte nicht weit. Die jährliche Reisproduktion erreicht über 200 Millionen Tonnen im Jahr. Das sind 8 Milliarden Säcke zu 25 kg. Da kann ab und zu schon mal einer umfallen.

Indien
und Sri Lanka

Für Vegetarier ist die Küche des indischen Subkontinents mit ihrer großen Bandbreite an fleischlosen Gerichten ein kulinarisches Paradies. Diese Ernährungsform wurzelt im Hinduismus und hat eine lange kulturelle Tradition. „Curry" spielt dabei eine Schlüsselrolle – dieses Wort bezeichnet sowohl einen Baum, eine Gewürzmischung als auch ein Gericht.

Indische Mahlzeiten bestehen aus einer Kombination vieler kleiner Gerichte, die in Schälchen serviert werden. Ob Dal mit Hülsenfrüchten, Curry mit Kürbis, vegetarisches Biryani oder Palak Paneer mit Spinat und Frischkäse – die Auswahl an Zutaten, Schärfegraden und Aromen ist riesig.

Roti
(Indisches Fladenbrot aus der Pfanne)

Zutaten:

1	Zwiebel (etwa 50 g)
½	grüne Chilischote
200 g	Weizenmehl
75 g	Kokosraspel
½ gestr. TL	Salz
150 ml	lauwarmes Wasser
8 EL	Speiseöl, z. B. Sonnenblumenöl

Zubereitungszeit:
40 Minuten

4 Stück

Pro Stück: E: 7 g, F: 33 g, Kh: 38 g, kJ: 1977, kcal: 472, BE: 3,0

1. Zwiebel abziehen und fein würfeln. Chilischotenhälfte entstielen, entkernen, abspülen, abtropfen lassen und ebenfalls fein würfeln. Mehl mit Kokosraspeln und Salz mischen. Zwiebel- und Chiliwürfel hinzugeben. Die Zutaten nach und nach mit dem Wasser verkneten.

2. Den Teig in 4 Portionen teilen und jeweils zu einer Kugel formen. 1 Esslöffel des Speiseöls in einer Pfanne (Ø etwa 18 cm) bei mittlerer Hitze erhitzen. Eine Teigkugel in die Pfanne geben und mit einem Löffel zu einem etwa ½ cm dicken Fladen drücken.

3. Den Fladen von jeder Seite 4–5 Minuten hellbraun braten, dabei vor dem Wenden noch 1 Esslöffel Speiseöl in die Pfanne geben. Auf die gleiche Weise noch 3 weitere Fladenbrote zubereiten.

Tipp: Die Fladenbrote schmecken warm und kalt.

Dum Aloo
(Gekochte Gewürzkartoffeln)

Zutaten

Für die Gewürzkartoffeln:

200 g	Zwiebeln
10 g	frischer Ingwer
1,2 kg	kleine Kartoffeln (je etwa 35 g)
50 g	Ghee oder Butter
10	grüne Kardamomkapseln
4	Gewürznelken
1 Stange	Zimt (etwa 6 cm)
2 EL	Paprikapulver edelsüß
1 EL	Kurkuma (Gelbwurz)
1 EL	Garam Masala (indische Gewürzmischung)
1	Lorbeerblatt
	Salz
200 g	Tomaten
250 ml	Gemüsebrühe
8 Stängel	Koriander
50 g	geputzte Römersalatblätter
600 g	Joghurt (3,5 % Fett)
1 EL	Fenchelsamen
15	Minzeblättchen

Zubereitungszeit:
50 Minuten

Garzeit:
etwa 35 Minuten

4 Portionen

Pro Portion: E: 14 g, F: 19 g, Kh: 54 g, kJ: 1937, kcal: 464, BE: 4,5

1. Für die Gewürzkartoffeln die Zwiebeln abziehen und grob würfeln. Ingwer schälen und in dünne Scheiben schneiden. Kartoffeln schälen, abspülen, abtropfen lassen und einmal durchschneiden. Ghee oder Butter in einem weiten Topf zerlassen. Ingwer, Kardamom, Nelken und Zimtstange darin kurz anrösten oder kräftig andünsten. Die Zwiebelwürfel hinzugeben und ebenfalls kurz anrösten. Dann die Kartoffelhälften hinzugeben. Paprika, Kurkuma, Garam Masala unterrühren, Lorbeerblatt hinzugeben und alles mit Salz würzen. Die Zutaten ohne Deckel bei mittlerer Hitze unter mehrmaligem Wenden etwa 15 Minuten garen.

2. In der Zwischenzeit Tomaten abspülen, abtropfen lassen, halbieren und die Stängelansätze herausschneiden. Tomatenhälften grob würfeln und nach etwa 15 Minuten Garzeit zu den Kartoffelhälften geben. Gemüsebrühe hinzugießen und zum Kochen bringen. Die Gewürzkartoffeln ohne Deckel bei mittlerer Hitze weitere etwa 20 Minuten garen. Die Kartoffeln sollten gar, aber nicht zu weich sein.

3. Koriander abspülen und trocken tupfen. Die Blättchen von den Stängeln zupfen, Blättchen klein schneiden. Die Salatblätter abspülen, trocken tupfen und klein schneiden. Minzeblättchen abspülen, trocken tupfen und grob zerschneiden.

4. 400 g Joghurt mit Fenchelsamen, etwas Salz, klein geschnittenem Salat und Koriander verrühren.

5. Die gegarten Kartoffeln von der Kochstelle nehmen. Den restlichen Joghurt (200 g) unter die Kartoffeln mischen. Evtl. mit etwas Salz abschmecken. Die Gewürzkartoffeln mit der Minze bestreuen und mit dem Koriander-Salat-Joghurt sofort servieren.

Beilage: Dazu passt indisches Fladenbrot (Chapatis).

Palak Paneer
(Spinat mit Weichkäse indischer Art)

Zutaten:

Für den Weichkäse:

2 l	frische Milch (3,5 % Fett)
4–6 EL	Zitronensaft
1 gestr. TL	Salz

750 g	Babyspinat oder Blattspinat
2	kleine Zwiebeln
2	Knoblauchzehen
20 g	frischer Ingwer
etwa 2 EL	Weizenmehl
8 EL	Sonnenblumenöl oder Ghee (geklärte Butter)
1 EL	Koriandersamen
1 TL	gem. Kreuzkümmel (Cumin)
2 EL	mildes Currypulver
150 g	Schlagsahne

Zubereitungszeit:
45 Minuten

Zeit für die Käseherstellung:
etwa 3 Stunden

4 Portionen

Pro Portion: E: 20 g, F: 47 g, Kh: 28 g, kJ: 2597, kcal: 621, BE: 2,0

1. Für den Weichkäse die Milch in einem Topf unter Rühren zum Kochen bringen. Den Topf von der Kochstelle nehmen. Zitronensaft und Salz in die Milch geben, dabei gelegentlich mit einem Kochlöffel umrühren, bis die Milch gerinnt und sich die Molke absetzt. Die Molke sollte leicht gelb grünlich sein.

2. Ein Durchschlag oder stabiles Sieb mit einem Geschirrtuch auslegen und die geronnene Milch hineingießen. Das Tuch leicht zusammendrehen und dabei möglichst viel Flüssigkeit auspressen. Die geronnene Milch etwa 1 ½ Stunden gut abtropfen lassen.

3. Dann den Käse in dem Tuch auf einen großen Teller oder ein Backblech legen und etwa 2 cm hoch verteilen. Den Käse mit einem weiteren Geschirrtuch bedecken und ein Küchenbrett darauflegen. Dieses mit Gewichten (z. B. Konservendosen) gleichmäßig beschweren. Den Käse weitere etwa 1 ½ Stunden stehen lassen.

4. Spinat verlesen und die dicken Stiele entfernen. Spinat gründlich waschen und in einem Sieb gut abtropfen lassen. Zwiebeln und Knoblauch abziehen, fein würfeln. Ingwer schälen und in kleine Würfel schneiden.

5. Den Käse (Paneer) in 3–4 cm große Stücke schneiden. Das Mehl auf einen Teller geben und die Paneerstücke darin wenden.

6. Vom Sonnenblumenöl oder Ghee etwa 6 Esslöffel in einer großen Pfanne erhitzen. Die Paneerstücke darin von allen Seiten goldbraun anbraten.

7. In der Zwischenzeit das restliche Öl oder das restliche Ghee in einem Wok oder in einem großen Topf erhitzen. Den Koriander darin leicht anrösten, den Kreuzkümmel und Curry unterrühren, bis die Gewürze anfangen zu duften.

8. Zwiebel-, Knoblauch- und Ingwerwürfel hinzugeben und unter Rühren andünsten. Die Sahne hinzugießen und den Spinat untermischen. Den Spinat zugedeckt kurz zusammenfallen lassen und mit etwas Salz abschmecken. Dann den Spinat anrichten und den gebratenen Paneer darauf verteilen.

Beilage: Naan (indisches Fladenbrot) oder Basmatireis.

Kürbiscurry
mit Reis

Zutaten:

150 g	Basmatireis
225 ml	kaltes Wasser
1 gestr. TL	Salz
40 g	Butter
1 kg	Hokkaido-Kürbis
100 g	Zwiebeln
½	grüne Chilischote
10	grüne Kardamomkapseln
4 EL	Speiseöl, z. B. Maiskeimöl
1 gestr. EL	gem. Zimt
1 gestr. EL	Paprikapulver edelsüß
1 TL	braune Senfkörner
1 gestr. EL	Currypulver
600 ml	ungesüßte Kokosmilch
300 ml	Gemüsebrühe
	Salz
2 EL	Zitronensaft
3 Stängel	Minze

Zubereitungszeit:
40 Minuten

Garzeit:
etwa 30 Minuten

4 Portionen

Pro Portion: E: 9 g, F: 45 g, Kh: 46 g, kJ: 2620, kcal: 629, BE: 3,5

1. Den Reis in einem Sieb kurz mit lauwarmem Wasser abspülen und gut abtropfen lassen. Den Reis mit Wasser und Salz im offenen Topf bei starker Hitze kochen lassen, bis das Wasser den Reis nicht mehr bedeckt. Die Butter hinzugeben. Den Reis zugedeckt etwa 15 Minuten bei schwacher Hitze quellen lassen. Dann den Topf von der Kochstelle nehmen und den Reis im geschlossenen Topf warm halten.

2. In der Zwischenzeit Kürbis abspülen, abtrocknen und halbieren. Kerne mit einem Löffel herausschaben. Kürbis nach Belieben schälen und in etwa 3 ½ cm große Stücke schneiden. Zwiebeln abziehen und in dünne Spalten schneiden.

3. Chilischotenhälfte entstielen, entkernen, abspülen, abtropfen lassen und fein würfeln. Kardamomsamen aus den Kapseln lösen und im Mörser fein zerstoßen.

4. Das Speiseöl in einem weiten Topf erhitzen. Kürbisstücke und Zwiebelspalten darin unter Wenden bei starker Hitze anbraten. Chiliwürfel, Kardamomsamen, Zimt, Paprika, Senfkörner und Curry unterrühren und noch eine weitere Minute braten. Kokosmilch, Brühe und Salz hinzugeben und unterrühren.

5. Das Curry im offenen Topf bei starker Hitze etwa 15 Minuten kochen lassen, dabei ab und zu umrühren. Zitronensaft unterrühren. Minze abspülen, trocken tupfen und die Blättchen von den Stängeln zupfen. Blättchen grob zerschneiden. Kürbiscurry in einer Schüssel anrichten und mit Minze bestreut servieren. Den Reis dazureichen.

Rezeptvariante: Wenn Sie Kürbis mögen, dann probieren Sie auch folgendes Kürbiscurryrezept aus. Für ein **Kürbiscurry mit Tomaten** Kürbis und Zwiebeln wie im Rezept beschrieben vorbereiten. Den Kürbis in mundgerechte Stücke schneiden, Zwiebeln würfeln. 10 g Ingwer schälen und ebenfalls klein würfeln. 2–3 Esslöffel Speiseöl in einem Topf erhitzen. Je ½ Teelöffel Kurkuma, Kreuzkümmel, Anissamen, Fenchelsamen und Kardamom (alles gemahlen) hinzugeben, unter Rühren einmal aufschäumen lassen. Die Zwiebel- und Ingwerwürfel hinzugeben, etwa 3 Minuten unter Rühren glasig dünsten. Kürbiswürfel hinzufügen und unter Rühren etwa 4 Minuten mitdünsten lassen, mit Salz und etwas Zucker würzen. 480 g geschälte Tomaten (aus der Dose) mit der Flüssigkeit und 250 ml Gemüsebrühe hinzugeben. Kürbiscurry zum Kochen bringen und etwa 30 Minuten bei schwacher Hitze leicht kochen lassen.

Indischer Möhren-Joghurt
mit Papadams

Zutaten

Zum Vorbereiten:

24 Papadams (indische Fladen aus Linsenmehl, Ø etwa 15 cm)

Für den Möhren-Joghurt:

- 200 g Möhren
- 100 g Pistazienkerne, geröstet und gesalzen (mit Schale)
- 8 grüne Kardamomkapseln
- 50 g getrocknete Aprikosen
- 3 Stängel Minze
- 700 g Sahnejoghurt
- 1 EL gem. Kreuzkümmel (Cumin)
- 1 EL fein abger. Schale von 1 Bio-Orange (unbehandelt, ungewachst)
- Salz

Zubereitungszeit:
35 Minuten

Röstzeit:
2–3 Minuten

6 Portionen

Pro Portion: E: 15 g, F: 20 g, Kh: 36 g, kJ: 1604, kcal: 383, BE: 3,0

1. Den Backofen vorheizen.
Ober-/Unterhitze: etwa 200 °C
Heißluft: etwa 180 °C

2. Zum Vorbereiten die Papadams auf den Backofenrost legen und in den vorgeheizten Backofen (Mitte) schieben. Die Papadams in **2–3 Minuten goldbraun rösten**, bis sich auf den Papadams kleine Blasen bilden.

3. Die Papadams auf einem Kuchenrost abkühlen lassen.

4. In der Zwischenzeit die Möhren putzen, schälen, abspülen, abtropfen lassen und fein raspeln. Pistazienkerne aus den Schalen lösen und grob hacken.

5. Den Kardamomsamen aus den Kapseln lösen und im Mörser fein zerstoßen. Aprikosen fein würfeln.

6. Die Minzestängel abspülen, trocken tupfen und die Blättchen von den Stängeln zupfen. Die Minzeblättchen fein schneiden.

7. Den Joghurt mit Möhrenraspeln, Pistazienkernen (einige Pistazienkerne zum Garnieren beiseitelegen), Minze (etwas Minze zum Garnieren beiseitelegen), Aprikosenwürfeln, Kardamom, Kreuzkümmel und Orangenschale verrühren. Den Möhren-Joghurt mit Salz würzen.

8. Möhren-Joghurt in ein Schälchen füllen und mit den beiseitegelegten Pistazienkernen und der restlichen Minze bestreuen. Möhren-Joghurt mit Papadams servieren.

Tipps: Papadams immer erst kurz vor dem Verzehr zubereiten, da sie schnell wieder weich werden. Den Möhren-Joghurt können Sie nach der Zubereitung entweder sofort verzehren oder ihn für Gäste am Vortag vorbereiten und im Kühlschrank aufbewahren. Zum Aufbewahren eignen sich verschließbare, lebensmittelechte, gesäuberte Gefäße wie beispielsweise Twist-off-Gläser®, Gläser mit Bügelverschluss oder Kunststoffschüsseln bzw. -dosen mit Deckeln. Den Möhren-Joghurt sollten Sie einige Minuten vor dem Servieren aus dem Kühlschrank nehmen und kurz vor dem Servieren noch einmal gründlich durchrühren. Damit der Möhren-Joghurt auch optisch gut zur Geltung kommt, die beiseitegelegten Pistazienkerne und die restliche Minze erst dann daraufstreuen.

Bohnen-Curry
aus Sri Lanka

Zutaten:

750 g	breite Bohnen
	Salzwasser
100 g	rote Zwiebeln
1	Knoblauchzehe
20 g	frischer Ingwer
1–2	rote Chilischoten
5	grüne Kardamomkapseln
3	Gewürznelken
1 EL	brauner Senfsamen
50 g	Ghee oder Butter
1 Stange	Zimt (etwa 5 cm)
2 EL	Currypulver, mild
300 ml	Kokosmilch
300 ml	Gemüsebrühe
12 Stängel	Koriander
1	Bio-Limette (unbehandelt, ungewachst)
	Salz

Zubereitungszeit:
45 Minuten

4 Portionen

Pro Portion: E: 8 g, F: 27 g, Kh: 18 g, kJ: 1526, kcal: 366, BE: 1,5

1. Von den Bohnen die Enden abschneiden, evtl. abfädeln. Bohnen abspülen, abtropfen lassen und halbieren. Bohnen in kochendem Salzwasser etwa 5 Minuten bissfest kochen. Anschließend die Bohnen in einem Sieb abtropfen lassen.

2. Zwiebeln und Knoblauch abziehen. Zwiebeln halbieren und in dünne Scheiben schneiden. Knoblauch fein würfeln. Ingwer schälen und ebenfalls in kleine Würfel schneiden. Chilischoten abspülen, trocken tupfen, entstielen und mit den Kernen fein hacken. Kardamomsamen aus den Kapseln lösen und mit den Gewürznelken im Mörser fein mahlen.

3. Senfsamen in einer Pfanne ohne Fett rösten, bis er anfängt zu knistern. Ghee oder Butter hinzugeben. Dann Zwiebelscheiben, Knoblauch-, Ingwerwürfel, Chili, Zimtstange, Kardamom-Nelken-Mischung und Curry hinzugeben. So lange rösten oder kräftig dünsten, bis die Zwiebelscheiben weich sind. Dann die Bohnen untermischen. Kokosmilch und Gemüsebrühe hinzugießen, mit Salz würzen, zum Kochen bringen und 2–3 Minuten kochen lassen. Zimtstange entfernen.

4. Koriander abspülen und trocken tupfen. Die Blättchen von den Stängeln zupfen, Blättchen grob zerschneiden und unter das Curry mischen. Limette heiß abwaschen, abtrocknen und vierteln.

5. Sri Lanka-Bohnen-Curry anrichten und mit Limettenspalten garniert servieren.

Beilage: Basmatireis.

Biryani
(Indisches Reisgericht)

Zutaten:

300 g	Basmatireis
	Salzwasser
100 g	rote Linsen
100 g	rote Zwiebeln
2	Knoblauchzehen
20 g	frischer Ingwer
250 g	kleine Kartoffeln (je etwa 35 g)
500 g	vorbereitete Blumenkohlröschen
	Salzwasser
150 g	TK-Erbsen
50 g	Ghee oder Butter
2 EL	Currypulver, mild
½ EL	braune Senfsamen
1 EL	gem. Kreuzkümmel (Cumin)
½–1 EL	Chiliflakes
	Salz
200 ml	Gemüsebrühe
10 Stängel	Koriander
60 g	Cashewkerne, geröstet und gesalzen

Zubereitungszeit:
45 Minuten

4 Portionen

Pro Portion: E: 23 g, F: 22 g, Kh: 97 g, kJ: 2973, kcal: 710, BE: 8,0

1. Den Reis in kochendem Salzwasser nach Packungsanleitung garen. Die Linsen mit etwa 400 ml Wasser in einem kleinen Topf zum Kochen bringen und **zugedeckt** etwa 10 Minuten bei schwacher Hitze kochen lassen. Linsen in einem Sieb abtropfen lassen.

2. Zwiebeln und Knoblauch abziehen. Zwiebeln halbieren und in Streifen schneiden. Knoblauch fein würfeln. Ingwer schälen und ebenfalls fein würfeln. Kartoffeln schälen, abspülen, abtropfen lassen und in etwa ½ cm dicke Scheiben schneiden. Blumenkohlröschen abspülen und abtropfen lassen.

3. Die Kartoffelscheiben zusammen mit den Blumenkohlröschen in kochendem Salzwasser etwa 6 Minuten garen. Nach etwa 3 Minuten Garzeit die gefrorenen Erbsen hinzugeben und mitgaren lassen. Die Kartoffelscheiben mit dem Gemüse in einem Sieb abtropfen lassen.

4. Ghee oder Butter in einer großen Pfanne zerlassen. Die Zwiebel- und Ingwerwürfel darin bei starker Hitze leicht anrösten. Knoblauch, Curry, Senfsamen, Kreuzkümmel und Chiliflakes unterrühren und kurz mit anrösten. Dann Kartoffelscheiben, Blumenkohlröschen, Erbsen und Linsen untermischen, danach den Reis unterheben. Alles mit Salz würzen und die Brühe hinzugießen. Die Zutaten zugedeckt so lange erhitzen, bis die Flüssigkeit fast vollständig verdampft ist.

5. Koriander abspülen und trocken tupfen. Die Blättchen von den Stängeln zupfen, Blättchen grob zerschneiden. Cashewkerne grob hacken.

6. Biryani anrichten, mit Koriander und Cashewkernen bestreut servieren.

Tipp: Dazu passen Papadams (sehr dünn frittierte Fladen aus Linsenmehl).

Tofu
mit Tomaten-Sambal

Zutaten

Für das Sambal:

- ½–1 rote Chilischote
- 15 g frischer Ingwer
- 1 Bio-Limette (unbehandelt, ungewachst)
- 4 EL Ketjap Manis (indonesische Sojasauce)
- 1 EL Limettensaft
- 2 EL Zucker
- 600 g Strauchtomaten

- 40 g geröstete, gesalzene Erdnusskerne
- 12–16 Blättchen Thai-Basilikum oder Basilikum
- 2 EL Weizenmehl
- 1 EL mildes Currypulver
- Salz
- 500 g Tofu
- 5 EL Speiseöl, z. B. Maiskeimöl
- 30 g Röstzwiebeln

Zubereitungszeit:
40 Minuten, ohne Abkühlzeit

4 Portionen
Pro Portion: E: 25 g, F: 18 g, Kh: 35 g, kJ: 1676, kcal: 399, BE: 2,5

1. Für das Sambal Chilischote entstielen, halbieren, abspülen, abtropfen lassen und fein hacken. Ingwer schälen und fein reiben.

2. Limette heiß abwaschen, abtrocknen, die Schale fein abreiben und beiseitestellen. Limette halbieren, den Saft auspressen und 1 Esslöffel Saft abmessen. Chili und Ingwer mit Ketjap Manis, Limettensaft und Zucker verrühren.

3. Tomaten abspülen, abtropfen lassen, halbieren und die Stängelansätze herausschneiden. Tomaten in etwa 2 cm breite Spalten schneiden. Aus den Spalten das Fruchtfleisch mit den Kernen herausschneiden. Etwa eine Handvoll des Fruchtfleisches mit den Kernen in einem feinen Sieb auspressen. Dabei den Saft auffangen und zum Sambal geben.

4. Die „Tomatenschiffchen" in einer Pfanne ohne Fett bei starker Hitze etwa ½ Minute schwenken. Sambal hinzugeben und unter Rütteln der Pfanne knapp ½ Minute schwenken. Das Tomaten-Sambal sofort aus der Pfanne nehmen und erkalten lassen.

5. Erdnusskerne fein hacken. Basilikumblättchen abspülen und trocken tupfen. Blättchen grob zerschneiden. Das Mehl mit Curry und etwas Salz mischen. Den Tofu in etwa 1 cm breite Scheiben schneiden und mit Küchenpapier trocken tupfen. Die Tofuscheiben im Currymehl wenden, überschüssiges Mehl abklopfen.

6. Speiseöl in einer großen Pfanne erhitzen. Die Tofuscheiben darin bei starker Hitze rundherum knusprig und goldbraun braten. Den Tofu sofort mit dem erkalteten Sambal anrichten, mit Erdnusskernen, Röstzwiebeln, Basilikum und beiseitegestellter Limettenschale bestreut servieren.

Hier heißen Fleischesser ‚Nicht-Vegetarier'

Naan, Papadam und Roti – Flache Begleiter

Die Normalität fleischloser Ernährung hat ihren Niederschlag auch in der Sprache Indiens gefunden – hier heißen Fleischesser „Nicht-Vegetarier". Die große Vielfalt an duftenden Aromen, scharfen Gewürzmischungen und gesunden Gemüsen wird meist begleitet von Fladenbrot, das aus Getreide und Wasser besteht. Damit hat die Entwicklung des Brotbackens vor Jahrtausenden begonnen, und es ist bis heute die Zubereitungsart von Brot, die weltweit am weitesten verbreitet ist – auch die italienische Pizza, das griechische Pita, das äthiopische Injera oder die mexikanische Tortilla haben hier ihren Ursprung. Auf dem indischen Subkontinent verwendet man meistens Naan, Papadam oder Roti. Das Wort „Naan" kommt aus dem persischen Sprachgebiet und heißt ganz einfach „Brot". Traditionell wurde es mit Hirse und Hefe hergestellt, heute nimmt man meist Weizenmehl. Gesäuert wird Naan oft durch Hinzufügen von Joghurt. Neben Naan ist Papadam ein häufiger Begleiter indischer Speisen. Diese dünnen Fladen bestehen aus Linsenmehl und werden frittiert. Deshalb sind sie knusprig, sollten aber rasch verzehrt werden. Ihren pikanten Geschmack bekommen sie durch das Würzen mit Pfeffer, Kreuzkümmel oder Chili. Außerdem gibt es beim Fladenbrot eine Vollkorn-Variante. Roti wird aus Chapatimehl hergestellt, in dem Gerste, Weizen und Hirse vermischt sind. Es wird vor allem in Pakistan und im Norden Indiens gegessen.

Tamarinde – Schön sauer

Der Name bedeutet „Dattel Indiens". Suppen, Currys und Chutneys bekommen aber nicht nur in Indien, sondern in ganz Südostasien durch die Frucht des tropischen Tamarindenbaums ein säuerliches Aroma. Als einer von vielen Bestandteilen der britischen Worcestersauce hat Tamarinde auch in Europa schon lange Speisen verfeinert. Heute kann man das Gewürz als Konzentrat, im Block gepresst oder getrocknet kaufen. Außerdem wird Tamarinde kandiert und als Konfekt gegessen. Andere bekannte Gewürze der indischen Küche sind Curryblätter, Bockshornklee oder Schwarzkümmel.

Lassi – Sanfter Genuss

Wo scharf gegessen wird, passen milde Getränke perfekt zu einer Mahlzeit. Lassi ist eine aus Joghurt und Milch oder Wasser bestehende Mischung, die erfrischt und zu einer besseren Verdauung beiträgt. Es stammt ursprünglich aus Indien, wird aber in ganz Asien und in vielen arabischen Ländern getrunken – auch als salzige Variante oder süß mit pürierten Früchten wie Mangos oder Bananen. In jedem Land gibt es spezielle Variationen dieses erfrischenden Milch-Mix-Getränks, die sich durch das Hinzufügen von Kardamom, Rosenwasser oder auch Zucker unterscheiden.

80

Etwa 80 % der Inder sind Hindus. Die Mehrheit ernährt sich aus religiösen Gründen vegetarisch. Der Verzehr von Rindfleisch ist mit ihrem Glauben nicht vereinbar – das Töten einer Kuh ist in fast ganz Indien verboten.

Basisvorrat

Basmati-Reis, Naan, Papadam, Ghee (Butterschmalz), Joghurt, Linsen, Bohnen, Spinat, Tamarinde, Limette, Fenchelsamen, Senfsamen, Curryblätter, Curry, Garam Masala, Kurkuma.

„Wer Pfannkuchen isst, zählt nicht die Löcher in ihnen."

Ein indisches Sprichwort, das alle, die ein großes Glück genießen, darin bestärkt, dabei über mögliche kleine Mängel hinwegzusehen.

Afrika
mit Madagaskar, Sansibar, Mauritius

Die Küche Afrikas ist so vielfältig wie die Landschaften und die Menschen zwischen Marokko, Äthiopien und Kapstadt. Nördlich des Äquators ist die afrikanische Küche von arabischen Einflüssen geprägt, im Süden vermischen sich europäische und einheimische Traditionen. Vom Eintopf mit Kochbananen über Süsskartoffel-Aufläufe und Okragerichte bis zu Chakalaka gibt es eine Fülle von vegetarischen Gerichten zu entdecken.

Man kann mit frittiertem Hefegebäck Mandazi frühstücken wie auf Sansibar, das äthiopische Fladenbrot Injera statt Besteck zum Verzehren eines Hauptgerichts benutzen oder seinen Hunger mit den Gateaux bringelles genannten Auberginenküchlein aus Mauritius stillen.

Gateaux bringelles
mit Tomaten-Chili-Salat (Mauritius)

Zutaten

Für den Ausbackteig:

125 g	rote Zwiebeln
150 g	Kichererbsenmehl
1 gestr. TL	Dr. Oetker Backin
	Salz
2 EL	Chiliflakes
1 EL	Kurkuma (Gelbwurz)
200 ml	kaltes Wasser

Für den Tomatensalat:

1 EL	braune Senfsamen
4 EL	Rohrzucker
8 EL	Limettensaft
8 EL	Olivenöl
300 g	Cocktailtomaten
600 g	Strauchtomaten
275 g	Brunnenkresse
15 Stängel	Koriander
500 g	Auberginen
200 ml	Maiskeimöl

Zubereitungszeit:
50 Minuten

4 Portionen

Pro Portion: E: 11 g, F: 37 g, Kh: 41 g, kJ: 2346, kcal: 559, BE: 3,0

1. Für den Teig die Zwiebeln abziehen und fein würfeln. Kichererbsenmehl mit Backpulver, Salz, 1 Esslöffel Chiliflakes und Kurkuma gut vermischen. Die Hälfte der Zwiebelwürfel hinzugeben. 400 ml kaltes Wasser hinzugeben und zu einem glatten Teig verrühren.

2. Für den Salat Senfsamen in einer Pfanne ohne Fett so lange rösten, bis sie knistern. Senfsamen, restliche Zwiebelwürfel, restliche Chiliflakes, Rohrzucker und Limettensaft gut verrühren, Olivenöl unterschlagen, mit Salz würzen.

3. Cocktailtomaten abspülen, trocken tupfen und vierteln, dabei die Stängelansätze herausschneiden. Strauchtomaten ebenfalls abspülen, trocken tupfen und die Stängelansätze herausschneiden. Die Tomaten in dünne Scheiben schneiden, mit den Cocktailtomaten in eine Schüssel geben und mit der Senf-Chili-Marinade gut vermischen.

4. Brunnenkresse abspülen und trocken tupfen. Die Blättchen von den Stängeln zupfen. Koriander abspülen und trocken tupfen. Die Blättchen von den Stängeln zupfen. Blättchen grob zerschneiden.

5. Den Backofen vorheizen.

Ober-/Unterhitze: etwa 50 °C

6. Auberginen abspülen, abtrocknen und die Stängelansätze herausschneiden. Auberginen in etwa ½ cm dicke Scheiben schneiden.

7. Maiskeimöl in einer großen Pfanne erhitzen. Die Auberginenscheiben durch den Kichererbsenteig ziehen, am Schüsselrand abstreifen und portionsweise in dem erhitzten Maiskeimöl von beiden Seiten goldbraun braten. Die Auberginenscheiben herausnehmen und im vorgeheizten Backofen warm halten, bis alle Auberginenscheiben gebacken sind.

8. Brunnenkresse und Koriander kurz vor dem Servieren unter den Tomatensalat heben. Die Auberginenscheiben mit dem Tomaten-Chili-Salat anrichten und servieren.

Reisbällchen
in Erdnuss-Sauce

Zutaten

Für die Erdnuss-Sauce:

- 20 Pimentkörner
- 125 g Erdnussbutter mit Stücken
- 1 EL Zitronensaft
- Salz

Für die Reisbällchen:

- 300 g Jasminreis
- Salzwasser
- 2 rote Peperoni (je etwa 8 g)
- 1 Bund Koriander
- 75 g Erdnusskerne, geröstet und gesalzen
- 1 l Speiseöl zum Frittieren
- 1 EL Chiliflakes

Zubereitungszeit:
65 Minuten

4 Portionen

Pro Portion: E: 19 g, F: 33 g, Kh: 64 g, kJ: 2700, kcal: 645, BE: 5,5

1. Für die Sauce die Pimentkörner im Mörser fein zerstoßen. Mit der Erdnussbutter und 150 ml warmem Wasser glatt rühren. Zitronensaft unterrühren und mit Salz würzen.

2. Für die Reisbällchen den Reis in kochendem Salzwasser nach Packungsanleitung garen. Den Reis evtl. in einem Sieb gut abtropfen lassen.

3. Peperoni abspülen, trocken tupfen und entstielen. Peperoni mit den Kernen fein hacken. Koriander abspülen und trocken tupfen. Die Blättchen von den Stängeln zupfen, Blättchen klein schneiden (einige Blättchen zum Garnieren beiseitelegen). Peperoni und klein geschnittenen Koriander mit dem Reis mischen und mit Salz würzen. Aus der Reismasse mit leicht angefeuchteten Händen 20 Bällchen formen und jeweils mit den Händen fest zusammendrücken.

4. Die Erdnusskerne fein hacken (evtl. im Blitzhacker). Die Reisbällchen darin wenden und mit den Händen fest andrücken.

5. Das Speiseöl in einem hohen Topf oder in der Fritteuse auf etwa 180 °C erhitzen. Die Reisbällchen darin in 2 Portionen leicht goldbraun frittieren, dabei mehrmals wenden. Die Bällchen nicht zu lange frittieren, da der Reis sonst zu hart und zäh wird.

6. Die Reisbällchen mit einem Schaumlöffel herausnehmen und auf Küchenpapier abtropfen lassen.

7. Die Reisbällchen mit der Erdnuss-Sauce anrichten. Beiseitegelegte Korianderblättchen grob zerschneiden und mit den Chiliflakes über die Bällchen streuen und sofort servieren.

Afrikanischer Eintopf
mit Kochbanane

Zutaten:

300 g	rote Zwiebeln
400 g	Süßkartoffeln
500 g	Kochbananen
300 g	Tomaten
2 EL	Speiseöl
500 ml	Gemüsebrühe
400 ml	passierte Tomaten (aus der Dose)
450 ml	Kokosmilch (aus der Dose)
	Salz
2–3 EL	Berbere (Afrikanische Gewürzmischung)
1	Bio-Limette (unbehandelt, ungewachst) etwas klein geschnittene Minze

Zubereitungszeit:
40 Minuten

Garzeit:
etwa 25 Minuten

4 Portionen
Pro Portion: E: 8 g, F: 27 g, Kh: 57 g, kJ: 2189, kcal: 522, BE: 4,0

1. Die Zwiebeln abziehen und grob würfeln. Die Süßkartoffeln schälen, abspülen, abtropfen lassen und ebenfalls in Würfel schneiden. Die Kochbananen schälen und in etwa 1 cm dicke Scheiben schneiden. Die Tomaten abspülen, trocken tupfen, halbieren und die Stängelansätze herausschneiden. Tomaten grob würfeln.

2. Speiseöl in einem Topf erhitzen. Zwiebelwürfel darin andünsten. Kartoffelwürfel hinzugeben und mitdünsten lassen. Bananenscheiben und Tomatenwürfel hinzugeben und kurz mit andünsten. Gemüsebrühe, passierte Tomaten und Kokosmilch hinzugießen. Mit Salz und der Gewürzmischung würzen.

3. Den Eintopf zum Kochen bringen und etwa 25 Minuten bei schwacher Hitze unter Rühren kochen lassen.

4. Limette heiß abwaschen, abtrocknen und die Schale abreiben. Limette halbieren und den Saft auspressen.

5. Den Eintopf mit Salz, Limettenschale und -saft abschmecken, anrichten und mit Minze bestreut servieren.

Hinweis: Berbere ist eine äthiopische, scharfe Gewürzmischung die aus Chili, Ingwer, Knoblauch, Piment, Gewürznelke und Koriander hergestellt wird. Variiert wird je nach Vorliebe mit Kurkuma, Kardamom, Paprika usw. Erhältlich am einfachsten im Internethandel.

Erdnuss-Suppe
Groundnut-Soup

Zutaten:

250 g	rote Zwiebeln
½–1	rote Chilischote
20 g	frischer Ingwer
700 g	Süßkartoffeln
4 EL	Maiskeimöl
1 EL	grob gem. schwarzer Pfeffer
1 Stange	Zimt (etwa 7 cm)
2 EL	Paprikapulver, edelsüß
1 EL	gem. Koriander
2 EL	Tomatenmark
200 g	Erdnussbutter mit Stücken
1,4 l	Gemüsebrühe
	Salz
450 g	abgetropfte Kichererbsen (aus der Dose)
2–3 EL	Limettensaft
15 Stängel	Koriander
25 g	Erdnusskerne, geröstet und gesalzen

1. Zwiebeln abziehen, halbieren und in Streifen schneiden. Chilischote abspülen, trocken tupfen und entstielen. Die Schote mit den Kernen fein hacken. Ingwer schälen und in Scheiben schneiden. Süßkartoffeln dick schälen, abspülen, abtropfen lassen und in etwa 3 cm große Stücke schneiden.

2. Maiskeimöl in einem weiten Topf erhitzen. Zwiebelstreifen, Chili, Ingwerscheiben und Kartoffelstücke darin bei starker Hitze unter Rühren kräftig andünsten. Pfeffer, Zimtstange, Paprikapulver und Koriander untermischen und leicht anrösten. Tomatenmark unterrühren und leicht mit anrösten. Dann die Erdnussbutter und die Brühe hinzugeben. Mit Salz würzen.

3. Die Zutaten zum Kochen bringen und bei mittlerer Hitze ohne Deckel etwa 15 Minuten leicht kochen lassen. Die Kichererbsen in ein Sieb geben, mit kaltem Wasser abspülen und abtropfen lassen. Kichererbsen nach etwa 10 Minuten Garzeit mit dem Limettensaft hinzugeben und die Suppe fertig garen.

4. Koriander abspülen und trocken tupfen. Die Blättchen von den Stängeln zupfen, Blättchen grob zerschneiden. Erdnusskerne grob hacken. Die Suppe anrichten, mit Koriander und Erdnusskernen bestreut sofort servieren.

Zubereitungszeit:
40 Minuten

4 Portionen

Pro Portion: E: 25 g, F: 47 g, Kh: 70 g, kJ: 3488, kcal: 837, BE: 5,5

Corn-Paprika-Gumbo
mit geräucherter Butter

Zutaten:

200 g	Langkornreis
	Salzwasser
150 g	Zwiebeln
4	Knoblauchzehen
2	rote Peperoni (je etwa 8 g)
je 300 g	grüne, rote und gelbe Paprikaschoten
100 g	Butter
2 geh. EL	Weizenmehl
2 EL	Tomatenmark
2 EL	frische Thymianblättchen
2	Lorbeerblätter
1,8 l	Gemüsebrühe
	Salz
	gem. schwarzer Pfeffer
200 g	abgetropfter Gemüsemais (aus der Dose)
6 Stängel	glatte Petersilie
1 TL	gem. Pimienton de la vera (Rauchpaprika-Gewürz)

Zubereitungszeit:
45 Minuten

4 Portionen

Pro Portion: E: 11 g, F: 23 g,
Kh: 64 g, kJ: 2213, kcal: 528,
BE: 5,0

1. Den Reis in kochendem Salzwasser nach Packungsanleitung garen.

2. In der Zwischenzeit Zwiebeln und Knoblauch abziehen. Zwiebeln grob würfeln und Knoblauch in Scheiben schneiden. Peperoni abspülen, trocken tupfen, entstielen und mit den Kernen in dünne Ringe schneiden. Paprikaschoten vierteln, entstielen, entkernen und die weißen Scheidewände entfernen. Schoten abspülen, abtropfen lassen und in etwa 1 cm breite Streifen schneiden.

3. 40 g von der Butter in einem weiten Topf zerlassen. Zwiebelwürfel und Paprikastreifen darin unter Rühren kräftig andünsten. Mehl und Knoblauch unterrühren und leicht anrösten. Tomatenmark untermischen und ebenfalls leicht mitrösten lassen. Peperoniringe, abgespülte, trocken getupfte Thymianblättchen und Lorbeerblätter mit der Brühe hinzugeben. Mit Salz und Pfeffer würzen, zum Kochen bringen und etwa 10 Minuten bei mittlerer Hitze kochen lassen.

4. Den gegarten Reis in einem Sieb gut abtropfen lassen und warm halten.

5. Nach etwa 5 Minuten Garzeit den Gemüsemais hinzugeben und die Suppe fertig garen.

6. In der Zwischenzeit Petersilie abspülen und trocken tupfen. Die Blättchen von den Stängeln zupfen, Blättchen grob zerschneiden. Die restliche Butter in einem kleinen Topf goldbraun rösten, Pimienton de la vera und etwas Salz hinzugeben, einmal aufschäumen lassen. Dann den Topf von der Kochstelle nehmen.

7. Den heißen Reis in Tellern anrichten und das Gumbo darauf verteilen. Corn-Paprika-Gumbo mit der gerösteten Butter beträufeln und mit Petersilie bestreut sofort servieren.

Injera
mit Linsensalat und Hüttenkäse

Zutaten:

250 g	braunes Hirsemehl (Bio-Laden)
200 g	Weizenmehl
1 geh. TL	Dr. Oetker Trockenbackhefe
200 g	grüne Linsen
2 EL	mittelscharfer Senf
7 EL	Olivenöl
4 EL	Zitronensaft
	Salz
4	grüne, milde Peperoni (je etwa 5 g)
50 g	rote Zwiebeln
275 g	Cocktailtomaten
16	Minzeblättchen
500 g	Hüttenkäse

Zubereitungszeit:
45 Minuten, ohne Einweichzeit

Teiggeh-/Ruhezeit:
etwa 24 Stunden

4 Portionen

Pro Portion: E: 37 g, F: 26 g, Kh: 111 g, kJ: 3542, kcal: 846, BE: 9,0

1. Hirsemehl und Weizenmehl in eine Rührschüssel geben und mit der Trockenbackhefe sorgfältig vermischen. 750 ml kaltes Wasser hinzugeben und alles zu einem glatten Teig verrühren. Den Teig zugedeckt an einem warmen Ort etwa 24 Stunden ruhen bzw. gehen lassen. Die Linsen in eine Schüssel geben und so viel kaltes Wasser hinzugießen, dass die Linsen ganz bedeckt sind. Die Linsen über Nacht einweichen.

2. Am nächsten Tag die Linsen mit dem Einweichwasser zum Kochen bringen und bei mittlerer Hitze in etwa 15 Minuten weich kochen. Anschließend die Linsen in einem Sieb abtropfen lassen. Die noch warmen Linsen mit Senf, Olivenöl, Zitronensaft und Salz mischen.

3. Peperoni abspülen, trocken tupfen und entstielen. Die Peperoni mit den Kernen in etwa 1 cm breite Ringe schneiden. Zwiebeln abziehen und fein würfeln. Tomaten abspülen, trocken tupfen und vierteln, dabei die Stängelansätze herausschneiden.

4. Tomatenspalten, Zwiebelwürfel und Peperoniringe unter den Linsensalat mischen. Den Salat evtl. nochmals mit Salz abschmecken.

5. Eine beschichtete Pfanne (ø 18 cm) bei mittlerer Hitze erhitzen. Aus dem Teig insgesamt 8 Pfannkuchen backen. Dafür jeweils ⅛ des Teiges mit einer drehenden Bewegung gleichmäßig auf dem Boden der Pfanne verteilen. Den Pfannkuchen so lange backen, bis die Oberfläche fast fest ist und die Unterseite möglichst nicht bräunt. Die Injeras werden nur auf einer Seite gebacken.

6. Die gebackenen Pfannkuchen aus der Pfanne nehmen und übereinanderstapeln, damit sie nicht komplett auskühlen.

7. Minzeblättchen abspülen, trocken tupfen und grob zerschneiden. Den Linsensalat mit dem Hüttenkäse auf den einzelnen Injeras verteilen und mit Minze bestreut sofort servieren.

Okras
in Curry-Tomaten-Sauce

Zutaten:

- 75 g Schalotten
- 75 g Frühlingszwiebeln
- 650 g Strauchtomaten
- ½–1 rote Chilischote
- 2 getrocknete Curryblätter
- je 2 Stängel Koriander, Thai-Basilikum und Minze
- 1 Bio-Limette (unbehandelt, ungewachst)
- 5 EL Speiseöl
- 1 TL gem. Ingwer
- 1 EL Currypulver, mild
- ¼ TL gem. Gewürznelken
- 1 kg frische Okraschoten

- etwa 1 l Speiseöl zum Frittieren
- Salz

Zubereitungszeit:
30 Minuten

4 Portionen
Pro Portion: E: 7 g, F: 20 g,
Kh: 13 g, kJ: 1107, kcal: 265,
BE: 0,5

1. Schalotten abziehen und in kleine Würfel schneiden. Frühlingszwiebeln putzen, abspülen, abtropfen lassen und in etwa 1 cm breite Scheiben schneiden. Tomaten abspülen, abtrocknen, halbieren und die Stängelansätze herausschneiden. Tomatenhälften in kleine Stücke schneiden. Chilischote abspülen, trocken tupfen, entstielen und mit den Kernen fein würfeln.

2. Curryblätter fein zerreiben. Koriander, Thai-Basilikum und Minze abspülen, trocken tupfen und die Blättchen von den Stängeln zupfen. Die Limette heiß abwaschen, abtrocknen und in kleine Stücke oder Ecken schneiden.

3. Speiseöl in einer Pfanne erhitzen. Schalottenwürfel und die Frühlingszwiebelscheiben darin bei mittlerer Hitze unter Rühren kräftig andünsten. Chili, Curryblätter, Ingwer, Curry und Nelken untermischen. Die Gewürze kurz mit anrösten. Tomatenstücke unterrühren und zum Kochen bringen. Die Sauce etwa 5 Minuten bei mittlerer Hitze stark kochen lassen.

4. Okraschoten putzen und die Stielansätze mit den Spitzen (Kappen) abschneiden. Okraschoten abspülen und trocken tupfen.

5. Speiseöl in einem hohen Topf oder in einer Fritteuse auf etwa 180 °C erhitzen. Die Okraschoten darin in 2–3 Portionen 3–4 Minuten frittieren, dabei jeweils einmal wenden. Die Okraschoten mit einer Schaumkelle herausnehmen und auf Küchenpapier abtropfen lassen.

6. Okraschoten in der heißen Curry-Tomaten-Sauce schwenken, mit Salz würzen und auf Tellern anrichten. Mit den Kräuterblättchen bestreuen und den Limettenstücken oder -ecken servieren. Nach Belieben den Saft der Limettenstücke oder -ecken auf die Okraschoten träufeln.

Beilage: Basmatireis (4 Portionen). Dafür 300 g Basmatireis in ein Sieb geben, mit kaltem Wasser abspülen, bis das Wasser fast klar abläuft. Reis gut abtropfen lassen. 100 g Zwiebeln abziehen und in kleine Würfel schneiden. 4 Esslöffel Sonnenblumenöl in einem weiten Topf zerlassen, Zwiebelwürfel darin kräftig andünsten. Reis hinzugeben (nun nicht mehr rühren) und 450 ml kaltes Wasser hinzugießen. Mit etwas Salz würzen. Den Reis ohne Deckel bei mittlerer Hitze kochen lassen, bis das Wasser den Reis nicht mehr bedeckt. Den Topf mit einem Deckel verschließen. Den Reis etwa 10 Minuten auf niedrigster Stufe quellen lassen.

Hot-Chili-Barbecuesauce

Zutaten:

200 g	rote Zwiebeln
4	Knoblauchzehen
1–2	rote Chilischoten
100 g	durchwachsener Speck, im Stück
3 EL	Olivenöl
2 EL	Paprikapulver rosenscharf
2 EL	Currypulver, scharf
400 g	stückige Tomaten (Tetrapak)
50 ml	Obstessig
25 ml	Balsamico-Essig
150 g	brauner Zucker, Salz
2 EL	Worcestersauce
	evtl. Tabasco

Zubereitungszeit: 20 Minuten

etwa 550 ml

1. Zwiebeln und Knoblauch abziehen, klein würfeln. Chilischoten abspülen, abtropfen lassen, entstielen und mit den Kernen grob zerschneiden. Speck in kleine Würfel schneiden. Olivenöl in einem Topf erhitzen. Die Speckwürfel darin knusprig auslassen. Zwiebel-, Knoblauchwürfel und Chilistücke hinzugeben, kurz anrösten. Paprika und Curry darüberstreuen und kurz mitrösten.

2. Stückige Tomaten, Essig und Zucker hinzugeben, zum Kochen bringen und bei mittlerer Hitze etwa 30 Minuten dickflüssig glänzend einkochen lassen.

3. Die Sauce mit Salz, Worcestersauce und evtl. Tabasco würzen. Dann mit dem Pürierstab pürieren und erkalten lassen.

4. Die Barbecuesauce hält sich zugedeckt im Kühlschrank einige Tage frisch.

Insgesamt: E: 29 g, F: 64 g, Kh: 195 g, kJ: 6231, kcal: 1488, BE: 14,5

Chakalaka

Zutaten:

125 g	Zwiebeln
1–2	Knoblauchzehen
20 g	frischer Ingwer
½–1	rote Chilischote
100 g	Möhren
1	grüne Paprikaschote (etwa 100 g)
175 g	Weißkohl
200 g	Tomaten, 3 EL Olivenöl
1 EL	Paprikapulver edelsüß
1 EL	Currypulver, mild
125 g	Zucker, 75 ml Obstessig
200 ml	Wasser, Salz

Zubereitungszeit:
25 Minuten, ohne Abkühlzeit

etwa 500 ml

1. Zwiebeln und Knoblauch abziehen. Ingwer schälen. Zwiebeln, Knoblauch und Ingwer klein würfeln. Chili mit den Kernen klein schneiden. Möhren putzen, schälen, abspülen, abtropfen lassen. Paprikaschote halbieren, entstielen, entkernen, weiße Scheidewände entfernen. Möhren und Paprika etwa ½ cm groß würfeln. Kohl klein schneiden. Tomaten abspülen, abtropfen lassen, halbieren, Stängelansätze herausschneiden und würfeln.

2. Öl in einem Topf erhitzen. Zwiebelwürfel darin andünsten. Knoblauch, Ingwer und Chili kurz mit anbraten. Paprika, Curry und Zucker untermischen. Kohl, Paprika und Möhren unterrühren. Zuletzt Tomaten, Essig und Wasser hinzufügen. Mit Salz würzen. Alles zum Kochen bringen, etwa 45 Minuten bei schwacher Hitze unter gelegentlichem Rühren kochen, bis kaum noch Flüssigkeit vorhanden ist und die Chakalaka schön glänzt. Chakalaka erkalten lassen.

Insgesamt: E: 9 g, F: 33 g, Kh: 159 g, kJ: 4127, kcal: 986, BE: 12,5

Okra-Süßkartoffel-Auflauf
Veganes afrikanisches Ofengericht

Zutaten:

	150 g	Hirse
	550 ml	heißes Wasser
	½ TL	Salz
	150 g	Zwiebeln
	3 EL	Olivenöl
	250 g	Tomaten
	150 g	Süßkartoffeln
	300 g	Okraschoten
	150 g	abgetropfter Gemüsemais (aus der Dose)
	25 g	Ingwer
	2	Knoblauchzehen
	½–1	rote Chilischote
	½ Bund	Koriander
	1 EL	Kurkuma
	75 g	Kokosfett
	50 g	Vollkorn-Dinkelzwieback
	40 g	Kokosraspel

Zubereitungszeit:
40 Minuten

Garzeit:
etwa 30 Minuten

4 Portionen

Pro Portion: E: 11 g, F: 35 g, Kh: 51 g, kJ: 2362, kcal: 564, BE: 4,0

1. Hirse in ein feines Sieb geben und unter fließendem Wasser abspülen und abtropfen lassen. Die Hirse mit 550 ml heißem Wasser und Salz in einen weiten Topf geben. Die Hirse bei mittlerer Hitze zum Kochen bringen und zugedeckt etwa 5 Minuten kochen lassen. Anschließend die Hirse unter gelegentlichem Rühren bei schwacher Hitze in etwa 15 Minuten ausquellen lassen (dabei die Packungsanleitung beachten), bis das Wasser vollständig aufgesogen ist.

2. In der Zwischenzeit die Zwiebeln abziehen und in Würfel schneiden. Das Olivenöl in einer Pfanne erhitzen. Die Zwiebelwürfel darin unter Rühren goldbraun anbraten.

3. Die Tomaten abspülen, abtropfen lassen und in etwa 2 cm große Stücke schneiden, dabei die Stängelansätze herausschneiden. Süßkartoffeln schälen, abspülen, abtropfen lassen und grob raspeln.

4. Okraschoten putzen, abspülen, abtropfen lassen und die Stielansätze mit den Spitzen (Kappen) abschneiden. Okraschoten jeweils halbieren.

5. Die angebratenen Zwiebelwürfel mit den Tomaten- und Okrastücken, den Süßkartoffelraspeln, dem Gemüsemais und der Hirse in einer großen Auflaufform (gefettet) mischen.

6. Ingwer schälen und fein reiben. Knoblauch abziehen und durch eine Knoblauchpresse drücken. Chilischote entstielen, abspülen, abtropfen lassen und mit den Kernen fein hacken. Koriander abspülen und trocken tupfen. Die Blättchen von den Stängeln zupfen. Die Blättchen grob zerschneiden.

7. Ingwer mit Koriander, Knoblauch, Chili und Kurkuma unter die Hirse-Gemüse-Mischung mischen. Das Ganze mit Salz würzen.

8. Den Backofen vorheizen.
Ober-/Unterhitze: etwa 200 °C
Heißluft: etwa 180 °C

9. Das Kokosfett zerlassen. Den Zwieback im Blitzhacker fein zerbröseln. Die Zwiebackbrösel mit den Kokosraspeln und dem Kokosfett vermischen, gleichmäßig auf dem Auflauf verteilen.

10. Die Form auf dem Rost in den vorgeheizten Backofen schieben. Den Auflauf **etwa 30 Minuten garen**. Dabei den Auflauf nach etwa 15 Minuten zudecken, damit die Kruste nicht zu dunkel wird.

Mandazi
Swahili Breakfast (Sansibar)

Zutaten

Für den Hefeteig:

40 g	Butter
1 geh. TL	gem. grüner Kardamom
175 g	Weizenmehl
40 g	Zucker
½ Pck. (etwa 3 g)	Dr. Oetker Trockenbackhefe
	Salz
100 ml	lauwarmes Wasser
etwa 1 l	Speiseöl zum Frittieren
2 EL	Puderzucker

Zubereitungszeit:
25 Minuten

Teiggeh-/Ruhezeit:
etwa 2 Stunden

4 Portionen (8 Stück)

Pro Portion: E: 5 g, F: 15 g, Kh: 49 g, kJ: 1474, kcal: 352, BE: 4,0

1. Für den Teig die Butter in einem kleinen Topf zerlassen und so lange erhitzen, bis die Butter eine nussbraune Farbe angenommen hat, Kardamom unterrühren. Die Butter lauwarm abkühlen lassen.

2. Mehl in eine Rührschüssel geben. Zucker, Trockenbackhefe und eine Prise Salz untermischen. 100 ml lauwarmes Wasser und die Butter hinzugeben. Die Zutaten mit einem Mixer (Knethaken) zunächst kurz auf niedrigster, dann auf höchster Stufe in etwa 5 Minuten zu einem glatten Teig verarbeiten.

3. Den Teig zugedeckt an einem warmen Ort etwa 90 Minuten gehen lassen, bis er sich sichtbar verdoppelt hat.

4. Den gegangenen Teig mit den Händen nochmals kurz durchkneten, aus der Schüssel nehmen und auf einer nur leicht bemehlten Arbeitsfläche etwa 1 ½ cm dick ausrollen. Den Teig in 8 gleich große Stücke schneiden und zugedeckt nochmals an einem warmen Ort etwa 30 Minuten gehen lassen.

5. Das Speiseöl in einem hohen Topf oder in einer Fritteuse auf etwa 180 °C erhitzen. Jeweils 3–4 Mandazi darin goldbraun ausbacken, dabei einmal wenden.

6. Anschließend mit einem Schaumlöffel herausnehmen und auf Küchenpapier abtropfen lassen. Die Mandazi dick mit Puderzucker bestäuben und warm servieren.

Tipp: Dazu passt ein Masala Chai (Indischer Gewürztee), den Gewürztee mit Milch servieren.

Mango
mit Pili-Pili
(Streetfood / Tansania)

Zutaten:

- 600 g reife Mango (aber nicht zu weich)
- 1 EL Chiliflakes
- ¾ gestr. TL Salz
- 1 TL Vitamin C-Pulver

Zubereitungszeit:
10 Minuten

4 Portionen (als kleiner Snack)
Pro Portion: E: 1 g, F: 1 g, Kh: 13 g, kJ: 296, kcal: 71, BE: 1,0

1. Von der Mango das Fruchtfleisch vom Stein schneiden. Das Fruchtfleisch schälen und in etwa 3 cm große Würfel schneiden.

2. Chiliflakes, Salz und Vitamin-C-Pulver in einem weiten Gefäß mischen. Die Mangowürfel gleichmäßig darin wenden und sofort servieren.

Tipps: Passt gut zu Konyagi (Spirituose aus Tansania) oder auch zu Gin. Man kann auch grüne, unreife Mangos verwenden, dann unter die Fruchtwürfel zusätzlich noch 2 Esslöffel Zucker rühren. Pili-Pili oder Piri-Piri sind kleine scharfe Chili-Schoten.

Viele unbekannte Köstlichkeiten

Hirse – Ohne sie geht nichts

Fleisch ist in vielen Regionen sehr teuer und lässt sich bei extremen Temperaturen nur schwer aufbewahren. Deshalb sind Getreideprodukte in Verbindung mit Gemüse eine vegetarische „Alltäglichkeit". In Nordafrika werden gedünstete Topfgerichte bevorzugt, in Südafrika dominieren indische und europäische Einflüsse, aber in vielen Ländern Zentralafrikas ist Brei die Grundlage vieler Mahlzeiten. Hirsebrei mit gekochter oder saurer Milch ist rund um den Äquator ein weit verbreitetes Frühstück, oft wird Getreidebrei auch mit Gemüse und scharfen Saucen kombiniert. Die mineralstoffreiche Hirse war lange das weltweit wichtigste Getreide. In Europa hat es an Bedeutung verloren, aber in Afrika und Asien spielt es noch eine bedeutende Rolle, da die Wahl der Ernährungsweise auch immer abhängig von klimatischen Bedingungen ist. In wasserarmen Gegenden lässt sich Hirse gut anbauen und dient dort deshalb als Grundnahrungsmittel. Das Hirse-Fladenbrot ersetzt bei der Nahrungsaufnahme z. B. Messer und Gabel – Fladenbrotstücke werden in Brei getunkt, oder es wird Gemüse in ihnen eingerollt. Es gibt unterschiedliche Hirsesorten – in Äthiopien ist Teff die bevorzugte Art. Aus dem glutenfreien Getreide wird das landestypische Fladenbrot Injera hergestellt, das als Beilage perfekt zu vielen Gemüsegerichten passt. Außerdem wird Teff auch zum Bierbrauen verwendet.

Kalorien- / Nährwertangaben

E   = Eiweiß
F   = Fett
Kh   = Kohlenhydrate
kJ   = Kilojoule
kcal = Kilokalorien
BE   = Broteinheiten

Bei den Nährwertangaben in den Rezepten handelt es sich um auf- bzw. abgerundete ganze Werte. Lediglich die Broteinheiten werden in 0,5er-Schritten mit einer Stelle nach dem Komma ausgewiesen.

Aufgrund von ständigen Rohstoffschwankungen und/oder Rezepturveränderungen bei Lebensmitteln kann es zu Abweichungen kommen. Die Nährwertangaben dienen daher lediglich Ihrer Orientierung und eignen sich nur bedingt für die Berechnung eines Diätplans, zum Beispiel bei Krankheiten wie Diabetes. Bei krankheitsbedingten Diäten richten Sie sich daher bitte nach den Anweisungen Ihres Diätassistenten bzw. Ihres Arztes.

Register nach Gerichten

Suppen

Wintersuppe mit Graupen und weißen Bohnen	14
Meerrettichsuppe mit Quitten und Ingwer-Sirup	16
Kichererbsensuppe mit Aromaöl-Tropfen und Minze	64
Frijoles (Bohneneintopf) mit gebratenen Kochbananen und Avocado	96
Somen-Gemüsesuppe mit Omelettrollenstreifen	118

Salate

Warmer Kürbissalat mit Bergkäse	18
Panzanella (Italienischer Brotsalat)	42
Rote-Bete-Salat mit Walnusskernen, Minze und Feta	58
Gurken-Mango-Salat mit Erdnüssen	106

Kartoffelgerichte

Rösti mit Pfefferbirne, Blauschimmel-Käse und Feldsalat	20
Kartoffel-Grünkohl-Durcheinander (Bubble and Squeak)	24
Dum Aloo (Gekochte Gewürzkartoffeln)	140

Reisgerichte

Weizenrisotto mit Pastinaken und glasierten Zwiebeln	26
Onigiri mit Umeboshi-Paste und Tofu	108
Sushi mit Omelett und Soja-Auberginen	112
Biryani (Indisches Reisgericht)	150
Reisbällchen in Erdnuss-Sauce	160

Nudelgerichte

Rigatoni mit Erbsenpesto	48
Pastasotto mit halb getrockneten Tomaten	52
Kalte Sobanudeln mit Brokkoli und Zuckerschoten und Rettich-Wasabi-Sauce	126

Getreidegerichte

Buchweizen-Pfannkuchen mit Pilzen und Misch-Salat	36
Rote-Zwiebel-Pizza mit Feigen und Ziegenkäse (Titel)	44
Ziegenkäse-Pastillas mit Birnenkompott	66
Kürbis-Börek-Sticks mit Orangen-Minze-Dip	68
Auberginen-Tomaten-Tajine mit Gewürz-Couscous	70
Shakshuka-Auflauf mit Hirse	72
Farmer's Market Sandwich	78
Gemüse-Flatbread mit dreierlei Käse	86
Jamaika-Patties mit Mango-Dip	88
Enchiladas mit roten Bohnen und Physalis-Tomaten-Sauce	94
Vietnamesisches Sandwich mit Tofu und Sesam-Mayo	114
Dim Sum mit Chinakohl-Pflaumen-Füllung	120
Roti (Indisches Fladenbrot aus der Pfanne)	138
Indischer Möhren-Joghurt mit Papadams	146
Gateaux bringelles mit Tomaten-Chili-Salat (Mauritius)	158
Injera mit Linsensalat und Hüttenkäse	168
Mandazi Swahili Breakfast (Sansibar)	176

Register nach Gerichten

Gemüsegerichte

Steckrübenschnitzel mit Feldsalat-Kartoffelpüree	22
Kürbis-Gnocchi mit Pfifferlingen und Salbeibutter	38
Ratatouille aus der Provence	46
Artischocken-Mangold-Gemüse aus dem Ofen	50
Auberginen-Tomaten-Tajine mit Gewürz-Couscous	70
Paprika mit Ziegenkäse, Kapern und Parmesan-Scones	82
Jamaika-Patties mit Mango-Dip	88
Gemüse-Crumble nach Tex-Mex-Art	92
Frühjahrs-Kimchi	110
Gado Gado (Gemüse mit Erdnuss-Sauce)	116
Pfannengerührtes Gemüse mit Cashewkernen	122
Gemüse-Tempura mit Ingwer-Dip	124
Kürbiscurry mit Reis	144
Kürbiscurry mit Tomaten	144
Bohnen-Curry aus Sri Lanka	148
Okras in Curry-Tomaten-Sauce	170
Okra-Süßkartoffel-Auflauf (Veganes afrikanisches Ofengericht)	174

Hülsenfruchtgerichte

Wintersuppe mit Graupen und weißen Bohnen	14
Socca-Wrap mit Ziegenkäsecreme und Avocado	40
Falafel aus gelben Linsen	62
Chili mit Sojaschnetzel	80
Injera mit Linsensalat und Hüttenkäse	168

Käsegerichte

Pikanter Ricotta mit Pimientos de Padrón	34
Labna (Frischkäsebällchen)	60
Quesadillas mit Avocadocreme	90
Palak Paneer (Spinat mit Weichkäse indischer Art)	142

Eiergerichte

Huevos Rancheros mit Tortillas	84
Japanisches Donburi mit Bohnen und süßem Rührei	130

Tofugerichte

Onigiri mit Umeboshi-Paste und Tofu	108
Scharfer, gebratener Tofu mit Möhren-Rettich-Relish	128
Tofu mit Tomaten-Sambal	152

Saucen

Chakalaka	172
Hot-Chili-Barbecuesauce	172

Desserts

Bratapfel mit Vanillesauce	28
Bratäpfel ohne Alkohol	28
Cottage Cheese Pancakes mit Karamellsirup und Beeren	98
Mohn-Pistazien-Pavlovas mit Blaubeeren	100
Ananas im Backteig	132
Mango mit Pili-Pili	178

Alphabetisches Register

A
Afrikanischer Eintopf mit Kochbanane 162
Ananas im Backteig 132
Artischocken-Mangold-Gemüse aus dem Ofen 50
Auberginen-Tomaten-Tajine
   mit Gewürz-Couscous 70

B
Biryani (Indisches Reisgericht) 150
Bohnen-Curry aus Sri Lanka 148
Bohneneintopf mit gebratenen Kochbananen
   und Avocado (Frijoles) 96
Bratapfel mit Vanillesauce 28
Bratäpfel ohne Alkohol 28
Bubble and Squeak
   (Kartoffel-Grünkohl-Durcheinander) 24
Buchweizen-Pfannkuchen mit Pilzen
   und Misch-Salat 36

C / D / E
Chakalaka 172
Chili mit Sojaschnetzel 80
Corn-Paprika-Gumbo mit geräucherter Butter 166
Cottage Cheese Pancakes mit Karamellsirup
   und Beeren 98
Dim Sum mit Chinakohl-Pflaumen-Füllung 120
Donburi mit Bohnen und süßem Rührei,
   Japanisches 130
Dum Aloo (Gekochte Gewürzkartoffeln) 140
Eintopf mit Kochbanane, Afrikanischer 162
Enchiladas mit roten Bohnen
   und Physalis-Tomaten-Sauce 94
Erdnuss-Suppe 164

F
Falafel aus gelben Linsen 62
Farmer's Market Sandwich 78
Fladenbrot aus der Pfanne, Indisches 138
Frijoles (Bohneneintopf) mit gebratenen
   Kochbananen und Avocado 96
Frischkäsebällchen (Labna) 60
Frühjahrs-Kimchi 110

G / H
Gado Gado (Gemüse mit Erdnuss-Sauce) 116
Gateaux bringelles mit Tomaten-Chili-Salat 158
Gekochte Gewürzkartoffeln (Dum Aloo) 140
Gemüse mit Cashewkernen,
   Pfannengerührtes 122
Gemüse mit Erdnuss-Sauce (Gado Gado) 116
Gemüse-Crumble nach Tex-Mex-Art 92
Gemüse-Flatbread mit dreierlei Käse 86
Gemüse-Tempura mit Ingwer-Dip 124
Groundnut-Soup (Erdnuss-Suppe) 164
Gurken-Mango-Salat mit Erdnüssen 106

I / J
Hot-Chili-Barbecuesauce 172
Huevos Rancheros mit Tortillas 84
Indischer Möhren-Joghurt mit Papadams 146
Indisches Fladenbrot aus der Pfanne 138
Indisches Reisgericht (Biryani) 150
Injera mit Linsensalat und Hüttenkäse 168
Italienischer Brotsalat (Panzanella) 42
Jamaika-Patties mit Mango-Dip 88
Japanisches Donburi mit Bohnen
   und süßem Rührei 130

Alphabetisches Register

K

Kalte Sobanudeln mit Brokkoli und Zuckerschoten und Rettich-Wasabi-Sauce	126
Kartoffel-Grünkohl-Durcheinander (Bubble and Squeak)	24
Kichererbsensuppe mit Aromaöl-Tropfen und Minze	64
Kimchi	110
Kürbis-Börek-Sticks mit Orangen-Minze-Dip	68
Kürbis-Gnocchi mit Pfifferlingen und Salbeibutter	38
Kürbiscurry mit Reis	144
Kürbiscurry mit Tomaten	144
Kürbissalat mit Bergkäse, Warmer	18

L/M

Labna (Frischkäsebällchen)	60
Linsensalat mit Hüttenkäse (Injera)	168
Mandazi Swahili Breakfast (Sansibar)	176
Mango mit Pili-Pili	178
Meerrettichsuppe mit Quitten und Ingwer-Sirup	16
Mohn-Pistazien-Pavlovas mit Blaubeeren	100
Möhren-Joghurt mit Papadams, Indischer	146

O/P/Q

Okra-Süßkartoffel-Auflauf	174
Okras in Curry-Tomaten-Sauce	170
Onigiri mit Umeboshi-Paste und Tofu	108
Palak Paneer (Spinat mit Weichkäse indischer Art)	142
Panzanella (Italienischer Brotsalat)	42
Paprika mit Ziegenkäse, Kapern und Parmesan-Scones	82
Pastasotto mit halb getrockneten Tomaten	52
Pfannengerührtes Gemüse mit Cashewkernen	122
Pikanter Ricotta mit Pimientos de Padrón	34
Quesadillas mit Avocadocreme	90

R/S/T

Ratatouille aus der Provence	46
Reisbällchen in Erdnuss-Sauce	160
Reisgericht, Indisches (Biryani)	150
Ricotta mit Pimientos de Padrón, Pikanter	34
Rigatoni mit Erbsenpesto	48
Rösti mit Pfefferbirne, Blauschimmel-Käse und Feldsalat	20
Rote Bete-Salat mit Walnusskernen, Minze und Feta	58
Rote-Zwiebel-Pizza mit Feigen und Ziegenkäse (Titel)	44
Roti (Indisches Fladenbrot aus der Pfanne)	138
Sandwich, Farmer's Market	78
Sandwich mit Tofu und Sesam-Mayo, Vietnamesisches	114
Scharfer, gebratener Tofu mit Möhren-Rettich-Relish	128
Shakshuka-Auflauf mit Hirse	72
Sobanudeln mit Brokkoli und Zuckerschoten und Rettich-Wasabi-Sauce, Kalte	126
Socca-Wrap mit Ziegenkäsecreme und Avocado	40
Somen-Gemüsesuppe mit Omelettrollenstreifen	118
Spinat mit Weichkäse indischer Art (Palak Paneer)	142
Steckrübenschnitzel mit Feldsalat-Kartoffelpüree	22
Sushi mit Omelett und Soja-Auberginen	112
Tofu mit Möhren-Rettich-Relish, scharf gebraten	128
Tofu mit Tomaten-Sambal	152

V/W/Z

Vietnamesisches Sandwich mit Tofu und Sesam-Mayo	114
Warmer Kürbissalat mit Bergkäse	18
Weizenrisotto mit Pastinaken und glasierten Zwiebeln	26
Wintersuppe mit Graupen und weißen Bohnen	14
Ziegenkäse-Pastillas mit Birnenkompott	66

Für Fragen, Vorschläge oder Anregungen steht Ihnen der Verbraucherservice der Dr. Oetker Versuchsküche gern zur Verfügung.
Telefon: 00800 71 72 73 74 (gebührenfrei),
Mo.–Fr. 8:00–18:00 Uhr und Sa. 9:00–15:00 Uhr.

Copyright © 2016 ZS Verlag GmbH
Türkenstraße 9
D-80333 München

ISBN: 978-3-7670-1382-7
1. Auflage 2016

Projektleitung	Carola Reich
Redaktion	Birgitt Filatzek, Annette Riesenberg
Text	Klaus Schäfer
Titelfoto und Innenfotos	Janne Peters, außer fotolia (11/12, 30, 54, 74, 102, 134, 154, 180)
Foodstyling und Rezeptentwicklung	Michaela Pfeiffer
Nährwertberechnungen	Nutri Service
Titelgestaltung, grafisches Konzept und Gestaltung	imaginas, Ulrich Linnenlüke
Satz	Junfermann Druck & Service GmbH & Co. KG
Reproduktionen	Repro Ludwig
Herstellung	Peter Karg-Cordes
Producing	Jan Russok
Druck	Optimal media GmbH, 17207 Röbel/Müritz

Die Autoren haben dieses Buch nach bestem Wissen und Gewissen erarbeitet. Alle Rezepte, Tipps und Ratschläge sind mit Sorgfalt ausgewählt und geprüft. Eine Haftung des Verlages und seiner Beauftragten für alle erdenklichen Schäden an Personen, Sach- und Vermögensgegenständen ist ausgeschlossen.

Nachdruck und Vervielfältigung (z. B. durch Datenträger aller Art) sowie Verbreitung jeglicher Art, auch auszugsweise, ist nur mit ausdrücklicher Genehmigung und Quellenangabe gestattet.

Die Bücher und E-Books unter der Marke Dr. Oetker Verlag erscheinen als Lizenz in der ZS Verlag GmbH.
www.oetker-verlag.de / www.facebook.de/Dr.OetkerVerlag

Die ZS Verlag GmbH ist ein Unternehmen der Edel AG, Hamburg.
www.zsverlag.de / www.facebook.de/zs-verlag